DU

PARTI LÉGITIMISTE

EN FRANCE.

DU
PARTI LÉGITIMISTE

EN FRANCE

ET

DE SA CRISE ACTUELLE

PAR

M. LE COMTE ALEXANDRE D'ADHÉMAR.

Incedo per ignes.

PARIS

CHEZ G.-A. DENTU, LIBRAIRE,

GALERIE D'ORLÉANS, 13 , PALAIS-ROYAL.

—

1843

PRÉFACE

L'esquisse historique que nous entreprenons est remplie de difficultés et semée d'écueils. *Incedo per ignes.*

En effet, le sujet qui fait le fond de cette brochure est délicat sous plus d'un rapport. Il touche à la vie intime d'un parti, que la législation actuelle condamne et proscrit.

D'un côté, nous sommes retenu par le respect que l'on doit au malheur, et, de l'autre, par celui que les lois existantes méritent assurément.

Aussi, pour remplir notre rôle d'historien révélateur, nous avons eu soin, dans le cours de notre travail, de rester toujours dans la limite des faits, sans prendre garde aux questions de personnes et d'exposer les discussions politiques inhérentes à la matière que nous traitons, à titre seul de simple spectateur.

Pour plus de précaution même, nous devons fixer ici le sens des termes que nous sommes forcé d'employer quelquefois dans nos récits. Ces termes, susceptibles peut-être de critique politique, nous avons dû les adopter sous peine de tomber dans l'obscurité ou dans les longueurs désespérantes de la périphrase. Nous ne pensons pas qu'on puisse nous faire un crime de tenir à la clarté du style, puisqu'elle est recommandée en littérature comme une des qualités les plus précieuses de l'écrivain.

Il est de notoriété publique qu'il existe en France un certain nombre de citoyens qui refusent obstinément de reconnaître les droits politiques du pouvoir établi, et qui déplorent que l'ordre de successibilité au trône ait été interverti par l'élection royale du 7 août.

Pour désigner cette fraction de la nation, *tout le monde* se sert de la dénomination de *parti légitimiste.*

Nous adoptons dans cette brochure cette dénomination unanimement acceptée, mais sans vouloir lui donner une signification autre que celle d'un fait qu'il s'agit d'exprimer par les termes qui lui sont propres.

Il serait d'ailleurs impossible d'entrer dans les détails secrets des querelles intestines d'un parti sans en prendre le langage. Pour que la copie soit fidèle, il faut qu'elle représente bien l'original. C'est ainsi, par exemple, que nous donnons, dans certains passages de notre brochure, et surtout dans le chapitre

XVII , le titre de *roi*, tout court, aux princes exilés.
On verra qu'il était difficile de faire autrement dans
le récit d'un débat de famille, uniquement fondé sur
une question relative à ce titre même. Mais supposons
que, pour sortir d'embarras, au lieu de dire le roi,
tout court, nous eussions écrit : *celui que les légitimis-*
tes s'obstinent à reconnaître pour roi, nous aurions brisé
à tout moment la simplicité de notre narration par
une circonlocution traînante, peu commode pour
l'écrivain, et, ce qui est pis encore, ayant tout l'air
d'une mauvaise plaisanterie. Raconter les discussions
de ménage du parti royaliste, ce n'est pas toucher à
la législation établie, ni la mettre en cause. La législa-
lation établie est de fait en dehors de la question. De
même l'existence de la royauté de la branche d'Orléans, ne dépend pas des espérances contraires que
les légitimistes nourrissent dans leur pensée, et qu'ils
laissent voir chaque jour dans leurs publications.

Quant à nous , nous avons voulu jouer dans cet
écrit le simple rôle d'historien et de narrateur. C'est
aussi au point de vue de l'histoire que nous avons ex-
posé les termes de la discussion royaliste avec la révolution ; nous avons mis une grande indépendance
dans ce travail, mais sans vouloir décider pour cela
si la raison ou la folie sont du côté de l'opinion vaincue.

Le lecteur nous devra la révélation de quelques
faits peu connus ou mal appréciés, et des distinctions qui pourront peut-être l'éclairer sur les ten-

dances réelles, sur la nature des entreprises, sur l'état actuel enfin du parti légitimiste en France.

Les causes de dissidences qui agitent aujourd'hui la vie de ce parti sont clairement définies par nous.

Nous avons jeté au peuple la clef des arcanes de la vieille monarchie.

Amis et ennemis, tous peuvent en profiter pour leur instruction particulière. Quels reproches seraient-ils donc en droit de nous adresser, les uns comme les autres, pour avoir jeté quelque lumière sur des questions, après tout, qui auront pour juges et maîtres souverains, en dernier ressort, *Dieu et la nation?*

DU
PARTI LÉGITIMISTE
EN FRANCE
ET
DE SA CRISE ACTUELLE.

I.

Le parti légitimiste en France a perdu, durant son règne sous la Restauration, la plus belle partie politique que l'on puisse imaginer.

Il était arrivé, comme par miracle, de l'exil et de l'oubli au faîte du pouvoir.

Son triomphe avait toutes les apparences d'un coup de la Providence ; et l'était sans doute.

La paix était revenue avec lui ; et avec la paix, les arts, l'agriculture, le commerce, les progrès de la science et de l'industrie.

Le parti légitimiste pouvait donc se vanter, avec quelque raison, d'avoir ramené en France tous les bienfaits d'une civilisation intelligente et féconde.

Certes, il y avait pour les royalistes une position admirable à prendre, au commencement de la Restauration, au milieu de tous les éléments de gloire et de puissance rassemblés autour d'eux.

Mais cela échappa au sens de leurs chefs. Soit méprise de la part de ceux-ci, soit incapacité ou scrupule, ils hésitèrent quelque peu à se placer à la tête du mouvement intellectuel de l'époque. Le courage leur faillit sans doute ; ils avaient l'esprit frappé encore de lugubres souvenirs et le cœur tout plein de défiances pour les innovations.

La faction libérale, alors composée seulement des hommes mécontents des régimes tombés, comprit aisément la faute que faisaient les royalistes, en négligeant le rôle de régénérateurs de la société française, qui leur appartenait si bien.

Pour mettre à profit la circonstance, les libéraux s'empressèrent de critiquer la conduite de leurs adversaires, ils s'étudièrent surtout à les rendre suspects aux populations, et suivant une route opposée, ils se jetèrent dans les exagérations du mouvement et du progrès, s'appelant les hommes du peuple, de la liberté et des lumières.

Quant aux royalistes, il fut décidé qu'ils étaient les hommes du despotisme et les partisans systématiques de la servitude et de *l'obscurantisme.*

Une fois la chose passée dans l'opinion publique, le parti légitimiste n'eut plus que le choix des fautes. La résistance qu'il opposait au mouvement révolutionnaire, qui le débordait, fut prise en mauvaise part, et l'on trouva à redire même au bien qu'il s'étudiait à faire, parce qu'il provenait de lui.

Mais tout ceci demande quelques développements et des distinctions.

II.

L'histoire nous montre qu'au retour des Bourbons en France, lors des événements de 1814 et 1815, l'opinion légitimiste était fractionnée en trois nuances distinctes.

L'une était composée des royalistes absolutistes. Encore tout meurtris des saturnales révolutionnaires, ceux-ci ne considéraient qu'avec épouvante tout ce qui tenait au peuple de près ou de loin. Ils avaient une fausse idée des choses, des hommes et des temps. Le malheur avait durement porté sur leur existence et égaré leur jugement politique. Là, est l'excuse de leur ignorance. Ils en étaient toujours à regarder le pouvoir absolu comme le chef-d'œuvre des gouvernements, et la royauté de Richelieu et de Louis XIV, comme la perfection du genre.

C'est à eux surtout que l'on peut appliquer ces paroles remarquables du prince de Talleyrand : *ces gens-là n'ont rien appris, ni rien oublié.*

La seconde fraction du parti royaliste, mieux éclairée que la première sur les questions sociales de l'époque, admettait franchement les changements apportés dans l'état des peuples par le progrès des siècles et le fait des révolutions. Elle ne croyait la royauté possible de nos jours qu'entourée des formes constitutionnelles et appuyée sur une Charte octroyée. Comme on le voit, ce n'était pas là le sentiment des royalistes absolutistes.

Enfin il y avait des royalistes qui déploraient à la fois l'exaltation des *absolutistes*, et la facilité des royalistes chartistes.

Considérant comme *imprescriptibles* tout à la fois les droits du peuple et ceux du souverain, ils niaient au *roi* le pouvoir de changer la constitution du royaume par l'octroi d'une Charte.

Ce sont ceux qui ont inventé d'accuser le gouvernement parlementaire qui régit la France depuis 1815, de n'être qu'un gouvernement à l'anglaise, et l'œuvre de la doctrine.

Il est vrai de dire que leurs principes auraient produit des conséquences plus larges, plus vraies, plus nationales que les principes de l'absolutisme royal et du monopole parlementaire.

III.

Mais les royalistes nationaux étaient en petit nombre dans la sphère de la cour et du pouvoir. Leur influence fut faible. D'ailleurs, ils ne montrèrent pas toute la persévérance et la tenacité désirables dans leur opinion. En voyant la légitimité rétablie sur le trône, ils purent croire qu'ils avaient conquis la plus belle portion des principes monarchiques de la vieille France. Leur opposition fut molle et inutile ; et tout en donnant des regrets au système national, qui tombait en désuétude, ils courbèrent la tête devant le fait. Peut-être espéraient-ils que, mis en pratique, le gouvernement à l'anglaise ne serait pas aussi funeste à la France, qu'ils voulaient bien se l'imaginer ? Peut-être encore considéraient-ils cette forme de gouvernement comme un progrès du temps, ou une concession nécessaire à l'esprit du siècle ?

Malheureusement les événements ne furent pas favorables à la Restauration.

Elle trouvait de graves embarras dans son organisation constitutive, dans sa royauté constituante et sa Charte octroyée.

Les royalistes nationaux sentirent alors leurs répugnances politiques se raviver dans leur cœur, et bientôt il leur tarda de voir finir un régime désastreux pour le pays et dangereux surtout pour l'autorité royale.

Comme on le voit, la haine que les royalistes nationaux avaient conçue contre la Charte avait des motifs légitimes et sacrés. Nous avons déjà dit, et nous répétons encore, afin qu'on ne l'oublie pas, que les royalistes nationaux avaient une religion politique très-large et très-libérale, nationale surtout.

S'ils attaquaient le système constitutionnel de la Restauration, ce n'était pas par amour de la puissance absolue ou mépris du peuple ; loin de là, c'est parce qu'ils le croyaient une atteinte aux droits de tous ; parce qu'ils voyaient le monopole et le privilége grandir chaque jour, envahir d'un côté le domaine des libertés publiques, et, de l'autre, battre en brèche la monarchie légitime.

———————◆◼◆———————

IV.

Le parti royaliste avait laissé échapper, comme nous l'avons dit en commençant, l'occasion de se placer à la tête du mouvement intellectuel de l'époque.

L'on peut maintenant en comprendre aisément le motif. Il faut en accuser surtout le silence et la faiblesse des royalistes nationaux. Ils avaient une belle tâche à remplir, celle de défendre la nationalité française, dans toutes ses parties ; à la base comme au sommet, les droits du peuple comme les droits du roi.

Mais la vie du parti royaliste n'était en réalité apparente que par l'action des deux autres fractions du parti.

La nation repoussait les royalistes absolutistes ; et cependant les royalistes chartistes ne réussirent pas à se l'attirer.

Cette anomalie n'étonnait guère les royalistes nationaux. Ils disaient : la nation repousse les doctrines du pouvoir absolu, parce que la France a toujours été un pays libre. Et si elle montre peu d'empressement pour le pouvoir de la Restauration, assis sur la Charte octroyée, c'est parce que ce pouvoir répugne à ses instincts patriotiques. La nation refuse de se soumettre à une nature de gouvernement qui lui est étrangère.

V.

Le parti libéral avait vu avec peine en 1815 le triomphe des royalistes.

Spectateur malveillant de ce qui se passait sous ses yeux, il s'aperçut bientôt qu'il y avait désaccord entre le gouvernement et la conscience du pays.

Il se mit à exploiter cette situation à son profit avec une admirable habileté.

La faction libérale, contrairement aux royalistes nationaux, montra une grande prédilection pour la Charte constitutionnelle et le système de gouvernement établi.

Ce n'était pas l'intérêt de la France qui la guidait dans cette préférence; encore moins celui de la royauté des Bourbons, c'était le sien propre.

La portion intelligente et directrice de la faction voyait trèsbien que le gouvernement de la Restauration était un gouverment conventionnel, de même nature que celui d'Angleterre, très-propre à favoriser les monopoles, les priviléges, les brigues et les manœuvres de la classe de citoyens à laquelle la faction appartenait.

Le nombre des électeurs qui nommaient les députés était

très-restreint. Le cens à trois cents francs donnait à la patente, au commerce, à l'industrie et à certaines professions, voisines, et par conséquent ennemies de la noblesse, une supériorité politique marquée sur la propriété agricole.

Aussi fut-il facile au parti libéral de prendre une grande influence chez des électeurs, qui, par leur âge, leur éducation, leurs goûts, leurs préjugés et leurs principes tenaient à la première révolution, à laquelle même ils devaient peut-être en partie leur position et leur fortune.

Les colléges électoraux devinrent donc la propriété du parti libéral ; ce fut par eux qu'il arriva à la députation, et qu'il envahit un des trois pouvoirs de l'Etat. Ce pouvoir, il prétendit l'exercer exclusivement, il en exagéra l'action, il s'étudia à en faire prévaloir l'omnipotence, et comme rien n'arrêtait son audace, il essaya de dominer par le parlement la royauté elle-même, et de s'emparer ainsi du gouvernement de la France.

Les royalistes seuls, serrés autour du trône, faisaient obstacle à ces projets. Ils occupaient les charges les plus élevées de la couronne. Ils avaient la direction de la politique étrangère et des affaires publiques.

Il s'agissait de les culbuter de cette haute position. Aussi tous les efforts du parti libéral se portèrent-ils d'abord contre eux. C'est à tort qu'on l'a accusé d'avoir eu le dessein arrêté de détruire la royauté. Le parti libéral ne voulait frapper que le parti royaliste et le faire tomber pour le remplacer. Si la branche aînée a été atteinte en juillet 1830, c'est parce que les événements ont entraîné les insurgés plus loin que les meneurs n'avaient prémédité. Il était d'ailleurs devenu évident pour les libéraux, que les royalistes ne pouvaient désormais plus être annihilés en France qu'avec le renversement de la branche aînée.

La royauté a-t-elle cessé d'exister après le mouvement de 1830, et la Charte octroyée n'a-t-elle pas été maintenue ? Il est vrai qu'on porta un roi nouveau sur le trône, et que la Charte subit quelques modifications.

VI.

Que les hommes habitués à peser la parole de l'écrivain ne se hâtent pas, après avoir lu le précédent chapitre, de nous accuser de tomber en contradiction avec nous-même, ou de nous écarter au moins des règles droites de la logique.

L'on pourrait, en effet, nous poser, avec quelque apparence de raison, l'objection suivante : Si le mouvement politique s'est déclaré en faveur de la faction libérale, qui s'appuyait sur la Charte contre les royalistes absolutistes et les royalistes nationaux, n'est-ce pas une preuve évidente que la France repoussait, non-seulement les absolutistes, mais encore les royalistes nationaux, et par conséquent, les tendances et les principes mêmes de ces derniers? Comment prétendre alors soutenir que ces principes étaient ceux de l'intérêt national et réel de la France ?

Trop longtemps l'on a entretenu sur les faits, les choses et le personnel de la Restauration et du parti royaliste, une confusion systématique qui a induit plus d'un esprit en erreur.

A force d'entendre chaque jour les mensonges spéculatifs de la presse libérale de l'époque, le public s'était laissé persuader que la *faction libérale* était la gardienne de la liberté et de la vérité nationales.

Depuis, bien des illusions se sont dissipées à cet égard. On a vu à l'œuvre les prétendus hommes du peuple et de la liberté. L'on est à se demander comment on a pu se laisser si facilement abuser par des mots et des sophismes. Nous avons entendu plus d'une personne, éclairée enfin sur les tendances de la *faction libérale*, avouer avec candeur la surprise faite à son patriotisme, et s'accuser, avec des paroles de repentir, d'avoir contribué au triomphe de l'établissement de Juillet.

Mais aujourd'hui l'épreuve est complète, les yeux sont dessillés. Il reste évident pour tous ceux qui ont de la droiture dans l'esprit et de l'indépendance dans le cœur, que les principes de la *faction libérale* n'ont produit que le monopole, l'augmentation des impôts, et le rétrécissement de nos libertés.

Certes, nous ne reconnaissons pas à ces résultats rétrogrades les principes nationaux de notre belle et grande patrie!

La vérité et la liberté françaises n'étaient donc pas avec les libéraux de la Restauration. Les populations trompées et égarées par les apparences ont bien pu supposer un instant le contraire, et appuyer le libéralisme dans ses luttes contre la monarchie de 1815. Le libéralisme en prenant le langage du patriotisme avait su en imposer à la raison publique.

Les royalistes nationaux ont été méconnus; tel est le fait.

La méprise était facile, car à cette époque, *royaliste* était nécessairement synonyme *d'absolutiste.*

Les libéraux, au contraire, prétendaient représenter la nation; et cependant, chose monstrueuse, et qui impliquait contradiction et mensonge de leur part, ils s'opposaient à l'abaissement du cens électoral, c'est-à-dire à l'extension des droits électoraux.

« Vous dites que vous représentez la nation, écrivait à cette époque un royaliste, vous ne représentez que quatre-vingt mille électeurs ! »

C'est le même argument que les hommes du droit commun et de la liberté, les royalistes nationaux, adressent encore aujourd'hui au parlement.

« Vous prétendez représenter la France, vous ne représentez pas même les deux cent mille citoyens qui jouissent du droit d'électeurs. »

VII

A mesure que nous avançons la lumière grandit sous notre plume. Nous avons fait ressortir avec leurs traits caractéristiques les trois fractions principales du parti royaliste.

Ce sont des bases que nous avons posées qui rendront bien faciles nos appréciations ultérieures sur l'état présent de ce parti en France, et sur les causes des dissidences qui viennent de se manifester dans ses rangs.

Quand la révolution de juillet tomba sur la France et sur le trône, comme un éclat de foudre ou comme un ordre de la Providence, elle trouva le parti royaliste profondément divisé en ses trois rameaux.

Au milieu des complications politiques qui environnaient la royauté, vers le déclin de la Restauration, les royalistes absolutistes poursuivaient le triomphe complet de la couronne et le rétablissement du principe de l'absolutisme royal. Ils prétendaient y arriver par des moyens violents, par l'emploi de la force et des coups d'état.

Les nationaux, pour la plupart rentrés dans la vie privée, paraissaient découragés et dégoûtés même de tout ce qui se passait sous leurs yeux. Quelques-uns seulement, restés sur la brèche, s'indignaient avec raison des intrigues du monopole électoral, et des embarras qu'il suscitait à l'administration régulière du pays et à la royauté. Ils appelaient de tous leurs vœux la fin d'un système politique aussi déplorable et aussi anti-national.

Ils faisaient, d'ailleurs, contre le parlement et la Charte octroyée, cause commune avec les *absolutistes*, mais c'était pour des motifs différents. On le sait ; nous l'avons déjà dit plusieurs fois dans le chapitre précédent ; on ne peut pas l'avoir oublié.

Quant aux royalistes chartistes, ils s'étaient unis à l'opposition libérale. M. de Chateaubriand et le *Journal des Débats* entretenaient une violente polémique avec le ministère. A peine si dans l'ardeur de l'attaque, ils respectaient la majesté de la couronne.

D'autre part, M. Agier donnait le signal de la défection des centres, et venait apporter la force du nombre aux députés libéraux.

A la suite des élections, le débat tomba de l'urne électorale dans la rue.

La rue resta victorieuse ; et S. A. R. Mgr le duc d'Orléans fut proclamé roi.

⁂

VIII

Un illustre député, qui doit à son talent d'être à la tête d'une fraction considérable de la Chambre, dit, à qui veut l'entendre, qu'il y a au Palais-Bourbon plus de cent légitimistes honteux, de la veille, faisant tout haut de la phrase révolutionnaire , et qui, tout bas, se disent entre eux : ce n'est pas là notre affaire ; il nous manque *quelque chose*.

Hé bien ! ces pauvres légitimistes du passé sont comme la suite des royalistes chartistes de la Restauration, restés, pour la plupart , groupés autour de leur idole, autour de cette Charte et de ce gouvernement conventionnels, pour lesquels ils ont un jour abandonné le pouvoir royal et grossi les rangs de ses ennemis.

On ne peut pas s'empêcher de reconnaître que la faction libérale déploya une grande habileté dans cette circonstance. Elle profita adroitement de l'éventualité qui mettait le nombre et la majorité de son côté , pour commencer le combat contre la royauté et les royalistes fidèles.

Aussi ce n'est peut-être pas un paradoxe de soutenir, que les royalistes ont contribué plus que les libéraux, à faire naître les événements de juillet.

Hâtons-nous de le dire pourtant ; quand les premiers coups de foudre, qui menaçaient le pouvoir royal se firent entendre, il y eut parmi les royalistes chartistes un revirement partiel.

Les hommes dont le caractère élevé était plus fort que les événements qui les débordaient, vinrent au milieu même de la mêlée faire entendre des paroles mémorables en faveur de la royauté légitime. C'était trop tard, il est vrai ; mais les choses marchaient si vite !....

Aussi voyez comme les noms passent dans la voix du peuple et dans l'histoire avec de merveilleuses significations : Chateaubriand et loyauté, Agier et défection.

Les palinodies du *Journal des Débats* ne lui ont-elles pas valu l'injure amère de *Journal des Judas ?*

Vous n'effacerez jamais plus de la tradition ces rapprochements caractéristiques.

Il y a pour la fidélité et le courage une auréole, et pour la faiblesse de cœur une tache, qui sont également indélébiles.

IX

Mais laissons en paix les royalistes de la défection. Ils dorment aujourd'hui à l'ombre du monopole, dans leurs remords et leur pusillanimité, comme ces nations, dont parle l'Ecriture, assises à l'ombre de la mort.

Les événements imprévus, qui sont dans la main de Dieu, pourront seuls désormais galvaniser ces intelligences frappées d'atonie et d'immobilité. Liées aux destinées d'une révolution, à laquelle elles ont contribué, mais qui a dépassé leurs prévisions, elles subissent avec stupeur les dures nécessités de cette alliance. Aussi leur situation est-elle plus digne de pitié que de colère. C'est le sort de la conscience coupable, qui ne persiste dans son erreur que par orgueil ou fatalité. Il y a repentir au fond, vanité à la surface, impénitence dans la forme. Les difficultés du retour et les terreurs du progrès retiennent ces intelligences fourvoyées sous le joug du monopole et de la révolution.

Leur mission est d'allanguir dans l'ordre politique le mouvement trop rapide des choses, soit que ce mouvement incline plus loin vers le mal, ou tende vers le bien des restaurations ; puis, quand vient le jour du réveil que Dieu leur suscite, de faire pencher brusquement la balance sous le poids d'une soudaine détermination, et d'amener ainsi un dénouement inattendu aux systèmes de transition.

Une pareille puissance, quelque inerte et quelque passive qu'elle soit aujourd'hui, est loin toutefois de mériter les dédains du publiciste. Elle vaut bien la peine au contraire d'être examinée et interrogée avec une sollicitude particulière. Comme le thermomètre donne les variations de la température du ciel, elle marque par les intermittences d'un sommeil plus ou moins agité les péripéties et les chutes des pouvoirs ministériels.

Unie d'opinion au parti royaliste fidèle sur le genre de gouvernement qui convient le mieux à la nature de la France, elle constitue un des éléments nécessaires de la majorité nationale en faveur du gouvernement monarchique.

Ainsi elle est même, malgré sa défection, comme le complément numérique de l'opinion légitimiste.

X

Après le triomphe de 1830, la faction libérale se trouva portée tout-à-coup au timon des affaires. Tous obstacles avaient disparu devant elle : la royauté était vaincue, les royalistes culbutés, la restauration finie. La place était nette.

Les libéraux avaient si longtemps prêché, avec une ardeur sans égale, la liberté aux citoyens, l'indépendance du pays et l'abaissement merveilleux des impôts, qu'il y avait bien quelque curiosité dans l'esprit du peuple à les voir enfin à l'œuvre. On les laissa donc faire à leur guise. Ils montèrent avec assurance sur l'estrade de la puissance; la galerie se rangea au-dessous d'eux, très-disposée à applaudir, à admirer, à approuver. Le vent de l'opinion leur était singulièrement favorable. La représentation commença.

Hélas ! la liberté, au lieu de devenir plus large, devint chaque jour de plus en plus exiguë. L'indépendance nationale fut sacrifiée aux exigences de l'étranger, et notre honneur au système de la peur et de la paix à tout prix. Les droits de tous se réduisirent au monopole électoral de 200 mille privilégiés sur trente-deux millions d'habitans. Enfin, l'abaissement merveilleux des impôts, tant promis, se transforma aisément sous les doigts désintéressés du libéralisme en budgets indéfiniment progressifs.

La galerie réclama quelque peu. On lui répondit qu'elle devait se regarder encore trop heureuse d'être délivrée de la Restauration. Peut-on, en effet, payer assez cher un si prodigieux bienfait ? La galerie se le tint donc pour dit. La satisfaction de la victoire lui refoula au cœur la colère des espérances déçues, et pour ne pas avoir à s'avouer le rôle de dupe, qu'on lui faisait jouer, elle voulut paraître contente.

Au fait, la liberté aurait profité aux carlistés; l'abaissement du cens électoral les aurait ramenés dans la Chambre. Arrière donc aux libertés !

Quant à ce qui touchait à l'honneur et à l'indépendance de la nation, la France ne pouvait désirer rien de plus utile et de plus glorieux pour elle que les encouragements que lui donnait la Grande-Bretagne, cette heureuse patrie du gouvernement constitutionnel. L'alliance de l'Angleterre devait être considérée comme le chef-d'œuvre de la diplomatie révolutionnaire, un trait de génie de la maison d'Orléans pour faire trembler sur le trône les despotes du continent. Etait-ce, en outre, un spectacle indifférent pour les amis de l'humanité, que cette fraternité nouvelle de deux peuples jusqu'alors divisés et qui se trouvaient tout-à-coup réunis dans un même amour de liberté constitutionnelle et de propagande humanitaire ? Quel progrès !

Mais le budget ? Cet énorme budget !... Il est la preuve de la riche prospérité de la France. D'ailleurs, ce n'est qu'un budget anormal nécessité par les embarras que les éternels ennemis du bien public suscitent au jeune établissement de Juillet. Bientôt, l'an prochain, l'on entrera dans la voie des économies, le règne des petits budgets va venir...

Il y a treize ans que cela dure !

XI

Pour assurer au pays la précieuse conquête que l'on venait de faire sur la royauté dans les événements de 1830, on s'était hâté de réorganiser avec un grand éclat la garde nationale.

La nation entière armée ? quelle admirable application du principe de la souveraineté populaire !

On eut soin, toutefois, de laisser en dehors de cette organisation militaire, les ouvriers, les pauvres gens, la plus grande masse du peuple, enfin. Le riche, le maître, le bourgeois seuls eurent le droit de composer la milice citoyenne.

Le peuple ? Hé ! qui songe au peuple ? on le relança dans sa misère et l'on étendit de nouveau sur lui le poids du monopole et des priviléges. L'organisation sociale des ouvriers et des travailleurs est encore à faire. Dans l'ancienne France, cette classe de citoyens recevait de la valeur, dans l'état, par les jurandes et les corporations. La révolution a détruit depuis longues années corporations et jurandes. Le peuple, repoussé en partie des rangs de la garde nationale, l'est presque entièrement des colléges électoraux. Il n'a pas de voix dans les délibérations parlementaires, qui cependant intéressent toute la nation, surtout en matière d'impôt. Le budget se vote sans son concours et trop souvent contre lui. Mais le peuple paie; il paie des obligations que d'autres ont contractées pour lui, à son insu peut-être, évidemment sans son autorisation et son consentement. Car où le peuple est-il représenté, dans l'ordre social révolutionnaire ? Par qui l'est-il et comment l'est-il ?

A coup sûr les ouvriers ne le sont pas par *leur bourgeois. Le bourgeois* a contre l'ouvrier l'intérêt de la domination et de la parcimonie du salaire.

Beaucoup de bons esprits pensent que le refus de l'impôt, sans émeute, sans trouble, serait le meilleur moyen pour la nation, atteinte dans son principe du droit commun, de vaincre et de ruiner le monopole, et la révolution, qui s'appuie sur le monopole.

XII

Le chapitre précédent n'est point une digression de notre

part ; il appartient, comme son aîné , à l'histoire des prestidi-
gitations du libéralisme de 1830.

Nous avions laissé la galerie attentive , rangée autour de nos
grands escamoteurs politiques. Parmi ceux qui la composaient,
les vaincus surtout montraient des dispositions peu favorables
pour l'établissement de Juillet. Quand ils virent que les faits
démentaient cruellement les promesses , et que la pièce
n'était pas à la hauteur de l'annonce, ils sifflèrent les acteurs.

Nous n'avons pas besoin de faire observer au lecteur, que
nous retrouvons ici, unis dans un même sentiment de colère
contre la révolution , les royalistes nationaux et les royalistes
absolutistes.

Ils durent naturellement donner à la France la raison des
sifflets qu'ils faisaient entendre. La logique, si l'on s'en rapporte aux écrits du temps, ne les servit pas trop mal. Les docteurs du parti se vantent même de l'avoir entièrement de leur
côté.

Dans les tous premiers moments de la révolution, la première
pensée qui se présenta nécessairement à l'esprit des royalistes,
fut le triomphe probable des principes républicains et l'établissement d'un république.

C'était en effet au nom de la souveraineté du peuple que le
combat avait commencé contre la royauté ; au nom de la souveraineté du peuple que Charles X avait été renversé du trône
et chassé de France, suivi de deux générations de rois ; au
nom de la souveraineté du peuple encore, que la Charte avait
été révisée, modifiée, changée, et décorée en outre du titre
de Charte-Vérité.

Il est vrai que tous ces renversements et ces changements
se faisaient par les diligences et les soins d'une minorité constituante.

Jusque-là, toutefois, la révolution tirait assez bien les conséquences de son principe et de sa victoire.

Mais quand elle invoqua contre le droit héréditaire de Henri
de France à la couronne, le droit qu'elle reconnaissait à la nation souveraine d'élire un roi ; et qu'après avoir élu ce roi

elle fit disparaître à son tour le droit souverain d'élection, pour reconnaître de nouveau, à tout jamais, à la dynastie d'Orléans, le droit héréditaire de succession à la couronne, les royalistes ne manquèrent pas de relever l'inconséquence de l'esprit révolutionnaire. Il est vrai que Voltaire a dit quelque part, dans son *Essai sur les mœurs*, que les hommes et les peuples ne vivaient que de contradictions. A voir ce qui se passe sous nos yeux depuis 1830, on serait tenté de croire que la révolution s'est chargée, gageure tenue, de donner la démonstration de cet aphorisme social de l'historien philosophe.

Les royalistes comprirent donc que les événements leur créaient une belle et noble position à la barre de la nation, la plus spirituelle et la plus logique de la terre, logique jusqu'à l'excès dans ses vertus comme dans ses travers.

Ils résolurent d'en profiter pour faire, au pouvoir improvisé de Juillet, une opposition à la fois vive et rationnelle.

Aussi, toutes les fois que ce pouvoir voulait renier son origine et se dépouiller comme d'un vêtement inutile, des faits qui l'avaient produit, les royalistes le ramenaient impitoyablement à son principe générateur et aux barricades d'où il était sorti.

— Ils s'entendaient merveilleusement avec les républicains éconduits et trompés, pour demander chaque jour à la révolution les conséquences des événements de Juillet et cette extension si promise de liberté, et ce bonheur social qui devait être la suite nécessaire du renversement de la Restauration.

C'est sans doute cet accord de polémique entre les deux oppositions de droite et de gauche, qui avait fourni au pouvoir l'idée d'imaginer l'alliance carlo-républicaine. On sait que cette invention a servi longtemps d'épouvantail aux peureux et aux niais. Aujourd'hui le moyen est usé.

Le fait est qu'il y a entre les républicains et les royalistes plus de points d'affinité qu'on ne pourrait le penser au premier abord. Peut-être aujourd'hui ne sont-ils pas loin de s'entendre, contre le monopole, sur les questions de liberté et d'indépendance nationales, de droit commun et de réforme électorale.

Il y avait cependant de notables différences entre la polémique que les royalistes et les républicains soutenaient contre le gouvernement.

La polémique républicaine, prenant pour point d'appui les faits de Juillet, n'attaquait pas le gouvernement dans sa base même.

Elle ressemblait trop à la colère qu'éprouvent les associés trompés d'une même entreprise contre les associés heureux. Les républicains, maîtres un moment des destinées de la France, en juillet 1830, s'étaient vu enlever petit à petit par les habiles de la révolution, tous les bénéfices de la victoire. La honte et le dépit d'avoir été joués, leur mirent souvent les armes à la main. C'est qu'ils comprenaient que le rôle de dupe est fatal pour un parti. Ils voulaient se faire craindre, pour qu'on ne se prît pas trop à rire de leur malheur. Car, en France, dès l'instant qu'on prête au ridicule, on cesse d'être fort. La tentative de Boulogne a tué le parti napoléonien.

Malheureusement pour l'opinion républicaine, l'on commence à perdre le souvenir de ses témérités, tandis que le spectacle de ses déceptions et de sa mésaventure existe toujours.

La polémique des royalistes allait plus loin; elle attaquait hardiment le droit révolutionnaire lui-même, le battant en brèche par tous les moyens et toutes les raisons dont elle pouvait disposer.

Si les royalistes demandaient, de concert avec les républicains, l'exécution des promesses de juillet, ce n'était pas comme ceux-ci, dans le désir de voir les développements de la révolution, mais dans la seule pensée de susciter des embarras au pouvoir, et peut-être d'avancer le jour de sa ruine. Ils avaient surtout un grand avantage de sens et de justice dans les reproches qu'ils adressaient aux vainqueurs, trop oublieux de leur opinion et de leurs gestes de la veille.

« Vous attaquiez la Restauration sur l'énormité de ses budgets, disaient-ils aux vainqueurs; chaque jour l'on vous entendait énumérer les économies considérables que l'on pouvait faire sur la sueur et les charges du peuple.... ? Maintenant que vous êtes à l'œuvre, au lieu de diminuer les impôts qui pèsent sur nous, vous les augmentez jusqu'à l'abus.

« Vous prêchiez la liberté de la presse, et jamais il n'y a eu plus de procès contre la presse que depuis le jour où vous vous êtes emparés de la direction des affaires publiques.

« La liberté de l'enseignement, que vous vouliez si fortement d'abord, puisque dans l'ivresse même du triomphe, vous l'avez écrite en toutes lettres dans votre Charte, vous l'évitez par mille détours indignes d'un parti, qui faisait sonner si haut sa probité politique.

« Il est vrai que vous prétendez aujourd'hui rencontrer des impossibilités pratiques dans plusieurs points de votre loi fondamentale. L'excuse est curieuse, surtout de votre part. Mon Dieu! que d'impossibilités n'inventez-vous pas chaque jour, pour vous dispenser de tenir vos promesses, pour nier à la nation ses droits et ses libertés?

« Il était impie et sacrilége, selon vous, de tirer sur le peuple; et à la première occasion vous avez eu hâte d'envoyer vos soldats mitrailler le peuple à Lyon. Vous l'avez encore moins épargné à Paris, dans les massacres de la rue Transnonain.

« Amis du prolétaire et de l'ouvrier, aujourd'hui que vous avez la puissance en main, que faites-vous pour les classes malheureuses et laborieuses de la population? Nous voyons bien votre protection et votre sollicitude acquises à l'aristocratie de l'industrie et de la finance, descendre au plus bas jusqu'à l'électeur, qui nomme vos députés; mais là s'arrête votre libéralisme égoïste et parcimonieux.

« D'ailleurs vous faites bon marché des droits des autres citoyens. Vous maintenez arbitrairement, à votre profit, plusieurs millions de Français, dans l'esclavage et l'ilotisme politiques.

« Vous êtes partis de la souveraineté de la nation, et vous restreignez l'exercice de cette souveraineté à deux cent mille censitaires seulement. »

« Nous demandons, au nom de tous, le droit commun et l'accomplissement de vos promesses et la réalisation de vos théories de grandeur, de prospérité et de liberté nationales. »

XIII

La réponse des vainqueurs à cette dangereuse polémique furent les lois de septembre, oppressives de la presse.

Fatigués de l'obstination que les royalistes mettaient dans leurs attaques, les vainqueurs, après s'être défendus quelque temps sur le terrain des principes, finirent par comprendre que le silence, légalement obligé sur une pareille matière, convenait mieux à un pouvoir triomphant que la discussion.

Ils firent donc le silence.

Il est vrai de dire que les royalistes, persuadés d'avoir la justice et le bon droit de leur côté, ne respectaient rien dans leur inflexible logique.

En dirigeant leurs coups sur la base même de la révolution, ils arrivaient à atteindre à son tour la nouvelle royauté jusque dans son principe.

Il leur était facile de démontrer d'abord qu'elle n'était pas légitime, selon l'ancienne loi d'hérédité à la couronne.

On leur répondait que le consentement de la nation faisait seul la légitimité des souverains, et que c'était par droit d'élection que la nouvelle royauté était légitime.

Les royalistes, loin de se rendre à cet argument, essayaient au contraire de le réfuter, en exposant les dangers que les royautés électives recélaient dans leur sein, et dont le moindre, selon eux, était de remettre en question, à la fin de chaque règne les droits de la couronne.

C'était en vain qu'on leur montrait alors l'hérédité rétablie, selon l'usage ancien, dans la dynastie d'Orléans ; ils persistaient à ne voir dans cette sage mesure qu'une grande contradiction avec le principe fondamental de la révolution. Ils ne pouvaient comprendre comment le consentement de la nation, qui faisait tout-à-l'heure la légitimité des rois, devait disparaître, à son tour, devant la nouvelle loi d'hérédité.

Pour résoudre la difficulté, les docteurs de la révolution imaginèrent le système des dynasties électives.

L'invention était ingénieuse. L'exemple des trois races de rois de France lui donnait une certaine valeur historique. Mais, objectaient les royalistes, quelle durée fixer au règne des dynasties royales ? L'ordre et la perpétuité de la couronne, suivant la Charte de 1830, sont-ils bien d'accord avec ce système ?

Seulement les royalistes avouaient que la dynastie de juillet pouvait impunément se l'appliquer. Elle n'avait pour le moment rien à redouter des entreprises de quelque branche collatérale, méditant à son tour pour son propre compte, la pratique du système des dynasties électives.

D'ailleurs, les royalistes ne voulaient pas admettre que la nation eût été le moins du monde consultée dans l'élection de la royauté ou de la dynastie de Juillet.

Ils demandaient à la révolution les preuves historiques et palpables du consentement du peuple. On leur dit que le consentement avait été tacite, et que le fait lui-même de l'existence de la royauté démontrait ce consentement.

Le consentement tacite est toujours facile à trouver, répondaient les royalistes ; au besoin même on pourrait le voir dans le silence de l'esclave.

Aussi, refusaient-ils au dernier argument de leurs adversaires la portée que le pouvoir lui attribue, et qu'il a su lui maintenir par les lois de septembre, en rendant dorénavant impossible à la presse quotidienne toute polémique sur l'origine et les principes du gouvernement établi.

Pour rendre encore plus mordante et plus animée la discussion qu'ils soutenaient contre les vainqueurs, les royalistes avaient soin d'appeler à leur secours tous les faits irréguliers du soulèvement de Juillet, et les événements qui avaient présidé à l'élection du nouveau roi. Ils s'appliquaient à les présenter sous l'aspect le plus défavorable à la révolution.

L'occasion de l'insurrection de Juillet fut, comme chacun sait, un conflit de pouvoir soulevé entre le roi Charles X et la Chambre des députés. Il n'est pas inutile de rappeler en passant que la Chambre, à cette époque, était élue par des colléges d'arrondissements, formés de censitaires à 300 francs, et par des colléges de départements, composés d'électeurs à 1,000 fr. Ce qui portait le nombre total des électeurs au chiffre de 94,000.

Pendant que le combat durait encore dans les rues de Paris, le roi, pour arrêter l'effusion du sang, et après lui son fils, abdiquèrent en faveur de leur héritier mineur. Ils appelèrent en même temps le premier prince du sang, leur cousin, S. A. R. Mgr le duc d'Orléans à remplir, pendant la minorité du jeune Henri, avec le titre de lieutenant-général du royaume, les fonctions attribuées par la Charte au pouvoir royal, et à prendre, de concert avec les deux autres pouvoirs de l'Etat, les mesures législatives que les circonstances réclamaient. S. A. R. Mgr le duc d'Orléans se hâta d'accepter les hautes fonctions dont la confiance du roi venait de le revêtir, et la Chambre des députés, des 94,000 électeurs, de reconnaître les abdications de Rambouillet, en ordonnant, après discussion, le dépôt de ces pièces aux archives. Puis tout-à-coup elle déclarait le trône vacant; et le 7 août, sans avoir reçu aucun mandat spécial à ce sujet, elle proclamait le lieutenant-général du royaume, roi des Français.

« Il règne une grande obscurité, écrivait, il y a dix ans, un écrivain royaliste, au sujet des principes par lesquels l'assemblée a voulu se conduire; car si elle agissait en vertu des abdications, il restait un roi mineur dont le droit était ouvert par ces abdications mêmes: et si elle agissait en vertu de l'insurrection de Paris, pourquoi recevait-elle les actes de Rambouillet? Le choix d'un prince de la famille royale pour succéder à la couronne, au préjudice de l'héritier direct, annonçait aussi que l'assemblée voulait rester dans une certaine proximité du principe qu'elle transgressait; tout contribuait donc à rendre vagues et énigmatiques l'origine et la nature de la constitution nouvelle; il semble que la révolution fût en défiance de ses propres maximes, qu'elle n'osait ni les déclarer, ni les pratiquer, dans la crainte de leurs conséquences. »

« Au reste, ce n'est pas seulement dans la Charte de 1830 qu'il faut voir la constitution du nouveau régime; cette constitution a été complétée par la loi qui exclut des droits politiques tous les Français, qui ne prêtent pas serment de fidélité au roi, que l'assemblée a élu; elle est complétée par la loi qui interdit, sous peine de prison, de révoquer en doute que le vœu de la nation ait appelé le lieutenant-général au trône et soit le principe du gouvernement institué au 7 août; elle est complétée par la loi qui bannit à perpétuité du territoire le prince, que l'ordre de primogéniture appelait à la couronne; elle est complétée enfin par les ordonnances de l'état de siége maintenu pendant un an dans les provinces de l'Ouest, par les lois qui autorisent le ministre à suspendre, dans plusieurs départements, l'organisation de la garde nationale et l'élection des conseils municipaux; par les lois de la presse, en vertu desquelles les jurés sont choisis par les préfets; par l'article du Code impérial qui défend les réunions de plus de vingt personnes; par le droit d'enfermer dans une bastille les personnages dont le procès pourrait faire mettre en question, devant les tribunaux, la validité des actes de 1830; par les lois en vertu desquelles les Français sont sujets aux visites domiciliaires, et peuvent être détenus pendant sept ou huit mois sans être jugés. etc., etc. C'est cet ensemble de mesures législatives et de précédents qui constitue le régime auquel les Français sont assujettis depuis la révolution de 1830. Cette constitution n'est pas sans analogie avec celle de l'Empire, en ce point du moins, qu'en 1804, le personnel législatif ayant été modifié par le coup-d'état du 18 brumaire, ce personnel, tout en maintenant nominalement la constitution écrite, l'altéra par une série d'actes constituants, pour l'approprier à son intérêt et à sa nature.

Il y a, toutefois, un côté avantageux à ces régimes, où le pouvoir constituant se conserve dans les corps législatifs : c'est la possibilité pour ces corps de changer leur ouvrage quand l'intérêt national exige impérieusement ce sacrifice. On a vu, en 1814, le sénat conservateur s'occuper de sauver la France quand il lui fût impossible de sauver l'Empire, employer sa puissance constituante à remplacer, par la monarchie, cette constitution qu'il avait faite par sénatus-consultes organiques, et ménager ainsi une transition difficile dans des circonstances périlleuses. La Chambre des députés actuelle a, sans aucun doute, un pouvoir tout aussi étendu, c'est le propre des corps constituants que le bien peut en venir comme le mal. » (1)

XIV

L'époque de cette polémique fut une époque pleine de mouvement et de vie pour le parti royaliste. Il y avait union dans ses rangs, ensemble dans les coups qu'il portait au pouvoir, et cette espèce d'énergie fiévreuse, qui pousse en avant, sans trop de calcul ni de ménagement.

Le parti royaliste se ressentait encore des ardentes émotions du soulèvement, qu'il avait essayé d'opérer en Vendée contre la révolution.

(1) M. de Lourdoueix, *de la Restauration de la société française.*

Il se vantait que cette tentative n'avait pas été sans gloire pour lui, et il citait le combat de la Pénissière comme un fait d'armes honorable pour la jeunesse royaliste.

D'ailleurs, la guerre était ouverte en Espagne entre le principe monarchique et l'usurpation de la reine Christine. Le parti royaliste français comptait de nombreux enfants parmi les soldats de Charles V. Les yeux fixés sur la fidèle Navarre, il suivait avec enthousiasme, avec anxiété aussi, cette lutte extraordinaire, où une poignée de braves tenaient en échec les armées révolutionnaires de la Péninsule et de l'Angleterre coalisées. On sait que la trahison a depuis longtemps donné gain de cause à la révolution et anéanti les espérances, que les légitimistes français avaient fondées sur le triomphe probable de Charles V.

La trahison a joué un rôle considérable dans les affaires royalistes. Son A. R. Madame la duchesse de Berry a été vendue et livrée par Deutz, au ministère Thiers. Maroto a livré et vendu son armée et son roi à la quadruple alliance.

Ces deux trahisons ont eu pour l'opinion légitimiste des résultats désastreux, et qu'on ne saurait méconnaître.

Le mal est toujours trop considérable pour un parti, quand la démoralisation et le découragement commencent à se glisser dans ses rangs.

Mais hélas! qui doit-on plaindre le plus ici, d'un pouvoir qui, faute d'être assez fort pour vaincre loyalement, a recours à l'or, dont il dispose, pour acheter des consciences, ou du parti, qui place sa confiance dans des âmes assez basses, pour céder à la tentation de l'or?

XV

Cette disposition hostile du parti légitimiste et l'humeur belliqueuse qu'il manifesta un moment, ont valu plus d'une loi répressive à la France.

L'opinion républicaine s'unissait même souvent à l'intérêt gouvernemental, pour appuyer les mesures extra-légales du pouvoir, lorsque ces mesures paraissaient uniquement dirigées contre les royalistes.

Plus tard les républicains n'ont eu que trop à se repentir du zèle, qu'ils manisfestèrent à l'origine de la révolution contre l'opposition légitimiste. Dans leur haine aveugle, ils n'avaient pas vu que l'arme, qu'ils plaçaient dans les mains souveraines contre leurs adversaires, était à double pointe, et qu'un jour ils en seraient aussi les malheureuses victimes.

Quoi qu'il en soit, les hommes du pouvoir surent habilement exploiter les tentatives royalistes, et plus tard les émeutes républicaines, pour retirer une à une les libertés que la France s'imaginait avoir conquises en 1830, et pour confisquer à leur seul profit les bénéfices de la victoire.

Le monopole se consolida peu à peu dans ces manœuvres rétrogrades des libéraux parvenus. Il s'empara des ressources du pays. Il concentra en lui seul toute la vie politique de la nation.

Aujourd'hui le monopole dispose de toute la puissance matérielle de la France. Il étreint l'indépendance provinciale sous le poids d'une lourde centralisation. Il a de l'or et des soldats. Il achète, il corrompt, il divise, il commande.

Pour combattre la presse indépendante et étouffer les cris de liberté poussés contre lui, il entretient à sa solde une armée de journalistes, chargés de perpétuer la confusion intellectuelle sur la nature des devoirs et l'étendue des droits des citoyens, et d'opposer des sophismes ou des fins de non-recevoir à toutes les demandes de justice et de réforme, que la majorité des Français est en droit d'adresser au pouvoir.

Un jour viendra peut-être, que le monopole, du haut de ses bastilles achevées et armées, n'aura plus besoin d'une si grande dépense d'esprit, pour défendre sa position menacée.

Dieu veuille que la France ne passe jamais sous les canons du monopole !

XVI

Une fois que l'exaltation royaliste se fut calmée, à la suite de l'échec de la Vendée et du triomphe d'Espartero en Espagne, le parti, renonçant aux armes, résolut de s'en tenir à une opposition morale. Il étudia la tactique qu'il lui serait le plus avantageux de suivre, pour susciter des difficultés et des embarras au gouvernement révolutionnaire, et se créer tout à la fois des partisans au sein des populations.

L'union avait existé jusque là parmi les légitimistes, parce qu'il ne s'était pas encore agi pour eux de fixer les principes d'une opposition uniforme et d'en poursuivre la réalisation avec unité et discipline. Jusque là il n'avait été question que de faire du mécontentement et de l'agitation, et il y avait eu unanimité pour s'agiter et se plaindre. Mais dès qu'on voulut arrêter les points de doctrine de l'opinion royaliste et rédiger d'après cette base un programme de mouvement et d'action, clair, précis et obligatoire pour tous, les royalistes cessèrent de s'entendre.

XVII

Outre les sentiments qui divisaient le parti légitimiste en trois camps, comme nous l'avons dit, les nationaux, les absolutistes et les chartistes ou constituants, il s'était élevé, dans le sein même de l'opinion, depuis la révolution de Juillet, un schisme d'autant plus dangereux, qu'il avait la sanction des princes exilés. Mais ceci demande quelques explications. D'après les abdications de Rambouillet et l'ordre ancien de la succession au trône, la couronne devait appartenir à Henri de France. Tel était l'avis unanime des royalistes dans les premiers moments de la révolution. La famille royale même, à son arrivée en Ecosse, avait fait dans ce sens des notifications à tous les souverains de l'Europe.

Plus tard, à la mort du roi Charles X, on apprit que Louis XIX,(S. A. R. Mgr le duc d'Angoulême,) s'était déterminé à revenir sur son abdication.

Ses conseillers prétendaient que le refus de la Chambre des députés de reconnaître toutes les conséquences des actes de Rambouillet, c'est-à-dire la royauté d'Henri V, les rendait nuls et non avenus. Car, selon eux, la consécration légale et obligatoire des abdications devait ressortir plutôt de l'accomplissement de cette dernière et capitale condition, que de la formalité du dépôt aux Archives, ordonné par la Chambre à cette époque.

La plupart des royalistes ne répondirent que par un silence respectueux aux prétentions de Louis XIX. Si la double majesté de la royauté et du malheur commandait des égards, elle n'entraînait pas les convictions.

D'ailleurs, le parti espérait circonscrire, à force de prudence, le schisme royal dans les limites de la cour exilée ; il essaya d'en dérober la connaissance à la France, comme d'une chose capable d'y produire un mauvais effet pour la cause légitime.

Toutefois, les partisans d'Henri V ne manquèrent pas de discuter entre eux, et comme en famille, le fond de cette affaire, et de présenter au système de la cour des objections considérables.

Ils exposaient : que les abdications de Rambouillet, n'étaient pas de nature conditionnelle et que l'on avait au moins mauvaise grâce de vouloir reprendre la couronne au jeune prince, après la lui avoir abandonnée ; qu'au surplus, le refus de la Chambre des députés de reconnaître Henri de Bourbon, comme roi, n'avait porté aucune atteinte au droit de celui-ci à la couronne, par la raison que le droit de la royauté en France, est un droit imprescriptible, national et sacré, contre lequel tout ce qui se fait est nul de soi ; qu'en conséquence l'abdication, comme la mort du titulaire royal y investissait nécessairement et irrévocablement l'héritier légitime du caractère indélébile de la royauté.

Pour donner encore plus d'évidence à ce raisonnement, les partisans du jeune roi faisaient observer qu'Henri V, avant son départ pour l'exil, et pour quelques jours seulement, aurait bien pu être mis en possession des prérogatives attachées au rang suprême, et que dans cette hypothèse la position relative des princes exilés n'eût pas été différente de celle d'aujourd'hui.

D'ailleurs, il y avait un tiers intéressé dans cette affaire, la nation, que la cour avait oublié de consulter. Or, c'est un point de jurisprudence universellement reconnu, que le droit d'un tiers une fois acquis, ce droit ne peut être atteint par un acte ultérieur, à moins que de son consentement.

Voilà pour la question de principe. A considérer ensuite la chose sous le point de vue politique, les partisans d'Henri V trouvaient que la détermination de la cour exilée était des plus déplorables et des plus malheureuses. C'était enlever, selon eux, à la cause légitime le prestige qu'elle puisait dans l'âge et l'innocence du jeune roi, de ce nouveau Joas, à qui les partis n'avaient aucun reproche à faire dans le passé, et qui se recommandait à l'intérêt de tous par l'évidence de son droit et le spectacle de sa précoce infortune.

Il est toutefois juste de faire connaître que la cour exilée, pour justifier ses résolutions, avait des motifs diplomatiques et des raisons de convenance. Elle disait que le jeune prince serait plus libre de ses pas et de ses allures avec le simple titre de *duc de Bordeaux*, qu'avec celui de roi de France ; qu'il était convenable surtout de ne pas apporter de l'embarras aux puissances étrangères, chez lesquelles la famille royale recevait l'hospitalité, et qui étaient obligées à des ménagements vis-à-vis du gouvernement français. Mais quoi que pût imaginer la cour exilée, pour convaincre les partisans d'Henri V, elle ne réussit pas à changer leur résolution. Ceux-ci poussèrent même, l'indépendance de leur ligne politique, jusqu'à se montrer très-peu inquiets du froid accueil que l'on fit à Goritz, à plusieurs d'entre eux.

Quoi qu'il en soit, la détermination de la cour exilée a eu cela de fatal pour l'opinion légitimiste, qu'elle a rejeté plus d'un homme dévoué dans l'inaction et la retraite, et gagné à la défection plus d'une conscience indécise.

Les fautes d'un pouvoir qui règne peuvent trouver des apologistes et des admirateurs ; mais celles d'un pouvoir déchu l'isolent de plus en plus dans sa ruine, et risquent de lui ôter jusqu'à l'espérance d'un retour de fortune.

XVIII

Nous nous sommes appesanti quelque peu sur cette question de la royauté de Louis XIX, parce qu'elle est peut-être la cause efficiente de la crise qui vient d'éclater dans le sein du parti royaliste. Nous le verrons plus tard. En attendant qu'il nous soit permis d'ajouter encore une observation, pour servir de complément au chapitre qui précède.

Le bruit a couru que la cour des princes exilés, en revenant sur les abdications de Rambouillet, n'avait fait que suivre les perfides conseil de M. de Metternich. Qui sait tous les détours de la diplomatie? Vienne était peut-être, dans cette affaire, d'accord avec Paris.

En poussant la cour exilée à contester la validité des abdications, on prévoyait les dissensions intestines qui allaient nécessairement s'élever dans les rangs du parti. On pouvait même espérer de voir celui-ci s'amoindrir des suites du désordre et disparaître un jour.

La cour de Kirchberg, est évidemment tombée dans un piège.

M. de Metternich fait obstacle à tout rapprochement de la famille exilée avec la Russie.

Il tient Henri de Bourbon dans sa dépendance, en faisant fermer à ce jeune prince, de concert avec une autre puissance, la porte de plusieurs états italiens, et en le forçant aussi à résider sur les domaines de l'Autriche.

M. de Metternich, en intervenant dans les affaires de la cour de Goritz, intervient nécessairement dans celles des royalistes français. Il agit sur le comité par M. de Lévis, à l'insu sans doute de l'un et de l'autre. Les diplomates du parti légitimiste ont un bandeau sur les yeux. Ils ne voient pas que la politique de M. de Metternich est de se réserver pour les éventualités, dans l'intérêt de l'Autriche, une arme contre la France. La chose n'est pourtant nouvelle. Le duc de Reichstadt aussi était captif à Vienne.

La politique des éventualités est également celle du comité royaliste à Paris.

XIX

Mais on se tromperait d'une manière étrange, si l'on croyait que le parti légitimiste puisse être aisément détruit. La hache révolutionnaire, les persécutions de la République, le despotisme et les gloires de l'Empire, l'échec de Juillet, la trahison, les malheurs et l'injure, rien n'y a pu.

Aussi cette force et cette opiniâtreté d'existence lui ont-elles valu, de la part de ses adversaires lassés et désespérés, l'honneur d'être traité de *parti incorrigible.*

On ne considère pas assez que le parti légitimiste est fondé sur des principes politiques, qui ont les racines les plus profondes dans les traditions nationales, et que ces principes sont même dans leur ensemble et dans leur large application, la nationalité française tout entière ; nous voulons dire la nationalité du passé.

———————◦———————

XX

Nous arrivons à l'époque actuelle, à la crise qui travaille en ce moment même, le parti dont nous traçons l'histoire.

Nous avons déjà dit, que du jour où les royalistes voulurent fixer dans un programme le symbole de leur foi politique et arrêter d'une manière précise et solennelle les principes qui devaient diriger la conduite commune, ils cessèrent de s'entendre. Chaque fraction du parti prétendait faire prévaloir ses maximes particulières sur les idées des autres. Un seul point resta entre eux en dehors de toute question : la royauté légitime de la branche aînée.

D'ailleurs, parmi les royalistes, les uns, en minorité il est vrai, rêvaient toujours la monarchie absolue. On doit généralement ranger dans cette catégorie tous ceux qui, à l'exemple de la cour exilée, se refusaient à reconnaître les abdications de Rambouillet. Leur système d'opposition au gouvernement de la révolution est un simple système de dénigrement, qui peut plaire un instant à l'esprit satyrique du Français, mais qui ne descend pas profondément dans la conscience du pays. Aussi la fraction absolutiste croit-elle peu à des chances nationales de succès pour la cause légitime ; elle place sa plus grande espérance dans les mains de la Providence. Elle compte sur les événements imprévus, sur l'accomplissement des prophéties astrologiques qu'elle va déterrer au fond des bibliothèques et sur le concours diplomatique des souverains européens, tous intéressés, selon elle, au triomphe du principe de la légitimité. Et avec de telles misères elle se console chaque jour, mais sans songer à y apporter un remède efficace, des maux que la révolution triomphante cause à la patrie.

D'autres, au contraire, sans vouloir préciser aucuns principes, sans prendre garde même aux dissidences du parti, voulaient que l'on concentrât toute l'action royaliste dans l'enceinte parlementaire. Ils espéraient agir sur l'esprit de la Chambre. De même que celle-ci avait, en 1830, consommé la révolution en appelant S. A. R. Mgr. le duc d'Orléans au trône ; de même elle pourrait un jour la finir en rendant la couronne à qui de droit. M. Berryer, surtout, jugeant la question des hauteurs de son génie, comptant trop peut-être sur la générosité de ses convictions et la puissance de sa parole, travailla à donner à l'opposition légitimiste cette tendance particulière. Il avait pour lui, il faut le dire, la plupart des sommités du parti, appartenant à l'ancienne cour, qui redoutaient les principes politiques et les moyens d'action des royalistes nationaux, fondés sur la réforme électorale et le droit commun. Les parlementaires espéraient relever la cause royale en faisant beaucoup de nationalité en paroles, mais sans vouloir cependant réaliser cette même nationalité dans la vie du peuple, par la destruction du monopole.

Enfin la troisième fraction du parti royaliste, la plus nombreuse des trois, voulait un programme précis, rédigé sur de larges bases; une déclaration franche et nette des principes nationaux.

Elle repoussait la monarchie absolue.

Elle professait hautement la doctrine des droits imprescriptibles et parallèles de la couronne et du peuple.

Elle regardait, comme un fait accompli et irrévocable, les abdications de Rambouillet.

Persuadée en outre, que le salut et la prospérité de la France dépendent d'une représentation vraie de la nation, elle manifestait des intentions hostiles pour le parlement, qui n'est que la fiction de cette représentation, et elle s'efforçait de placer l'opposition royaliste sur le terrain populaire de la réforme électorale.

* * *

XXI

M. de Villèle, ayant fait dans les loisirs de sa retraite, un plan de réorganisation de la France, le soumit à une jeune et haute approbation. Les idées qui se rapportent à ce travail ont été publiées dans *la Gazette du Languedoc*, sous le titre de *Lettres d'un contribuable*.

Convaincu plus tard de la nécessité d'un centre d'action, l'ancien ministre de la Restauration se rendit à Paris, dans l'intention de créer un comité royaliste, composé des hommes éminents du parti.

Le comité fut en effet formé.

Voici les notabiliés qui en faisaient partie : MM. de St-Priest, le marquis de Dreux-Brezé, le duc de Valmy, Berryer, le duc de Noailles, le général de Latour Froissac.

M. de Raineville, fut attaché au comité en qualité de secrétaire.

La présidence en fut dévolue à M. le duc de Noailles. M. Berryer en eut la direction réelle.

Le but du comité était de mettre de l'ensemble dans la marche de l'opinion royaliste et de faire au pouvoir une opposition sérieuse, sans s'écarter des limites légales, constitutionnelles et nationales.

✦

XXII

Aussitôt après la formation du comité, M. de Villèle fit publier, par tous les journaux royalistes un manifeste remarquable contre le monopole électoral.

Il devenait donc évident, par cette publication, que les royalistes voulaient porter leurs efforts sur le champ de bataille des élections parlementaires, la réforme et l'abaissement du cens.

C'était entrer dans l'esprit des royalistes nationaux, qui prêchaient les droits imprescriptibles de la nation.

Si les vues de M. de Villèle avaient été suivies, l'unité se faisait dans le parti royaliste. Elle se faisait dans le sens national ; elle se faisait avec le peuple, selon les principes qui ont vie dans l'opinion publique. La révolution aurait pu en avoir de graves embarras.

Mais M. de Villèle, au lieu d'installer son ministère à Paris, abandonna bientôt cette ville pour rentrer dans sa retraite à Toulouse, laissant au comité le soin de poursuivre l'œuvre qu'il lui avait confiée.

L'influence de la cour de Goritz ne tarda pas à se faire sentir au sein du comité. Le schisme des abdications devait nécessairement donner prétexte à deux directions différentes. On travailla au nom de la souveraineté de Louis XIX, à éluder le ministère Villèle.

Bien plus, les royalistes du parlement, qui avaient leur conviction particulière, qui espéraient arriver à la contre-révolution par la chambre même du monopole, et qui manifestaient par conséquent de grandes répugnances pour la réforme électorale, entrèrent avec empressement dans un système de résistance contre la ligne du droit indépendant.

Aussi le comité royaliste, lors des élections qui eurent lieu en 1842, n'agit point selon les instructions du manifeste de 1841, il ne porta pas la ligne du vote universel par le droit commun. Il se contenta de travailler à grossir de quelques unités le nombre des députés légitimistes à la Chambre. C'était la direction parlementaire de M. Berryer qui triomphait.

M. de Genoude se sépara de ce système, il persista à suivre les instructions de M. de Villèle. Il se prononça d'une manière tranchée, lors des élections, pour la réforme électorale. Il voulait même que les royalistes donnassent aux députés de leur choix, des mandats impératifs contre le monopole.

M. de Genoude s'était mis à cette époque sur les rangs de la députation. Le comité travailla contre lui.

XXIII

Il est vrai de dire que le comité, fondé par M. de Villèle, s'était dissous par le fait, la veille des élections.

Les membres, qui le composaient, n'avaient pu s'entendre sur le mode d'action que les royalistes devaient adopter dans les colléges électoraux. M. Berryer voulait que l'on traitât avec la gauche Thiers-Barrot, et M. de Noailles, que l'on marchât de concert avec le ministère Guizot. MM. de Dreux-Brézé et de Raineville crurent alors devoir se retirer du comité.

M. Berryer demeura seul chargé, sous sa responsabilité personnelle, de diriger les élections, comme il l'entendrait. M. de Valmy s'adjoignit à lui. Ce sont ces deux députés, qui, à cette époque, firent l'organisation des comités électoraux royalistes de la province, et menèrent l'opinion.

Pendant que ces choses se passaient, M. de St.-Priest, qui était à Florence, revint à Paris. Il s'empressa de se réunir au duumvirat de MM. de Valmy et Berryer, et de déclarer que le comité n'avait pas cessé d'exister.

Mais les droits du nouveau triumvirat ne parurent pas clairement établis à M. le duc de Lévis, puisque ce dernier crut, plus tard, devoir réorganiser le comité, en obtenant la rentrée de MM. de Dreux-Brézé et de Raineville, et l'introduction de MM. de Pastoret et Alban de Villeneuve.

XIV

Deux ans se sont écoulés depuis que le comité, établi d'abord par M. de Villèle, maintenu ensuite par M. de St-Priest, et réorganisé enfin par M. le duc de Lévis, a pris la direction des affaires royalistes.

Il faut avouer que cette direction a été bien mystérieuse ou bien impuissante, puisqu'elle n'a su donner aucune vie au parti, ni lui faire gagner la moindre influence dans le parlement.

XXV

Depuis longtemps la *Gazette de France* pouvait à peine contenir son impatience, en présence de l'immobilité où l'on retenait le parti.

La prudence, toutefois, lui commandait de s'observer. Il lui répugnait de mettre au jour les divisions intestines qui partageaient, l'opinion dont elle est un des organes les plus fidèles.

Mais sans entrer dans une guerre ouverte avec le comité, elle suivait, de son côté, la ligne populaire et nationale qu'elle s'était tracée.

Pour appeler à la cause royale, la partie libre et franche de l'opposition de gauche et unir les différentes opinions, qui divisent la France, elle fonda un journal neutre, *la Nation*, destiné à la défense des principes communs à tous les partis. Le prix du journal fut fixé à 30 francs.

L'apparition de cette feuille jeta le trouble dans l'économie de la presse. Ce ne fut qu'au milieu des plus amères objections qu'elle fit son entrée dans la carrière. Sous les apparences de raison d'Etat et de parti, c'était tout simplement une question d'arithmétique qui se débattait contre elle.

La Nation, sans être un journal royaliste, sortait toutefois des mains des royalistes, elle était au moins une œuvre royaliste ; la presse légitimiste, qui avait suivi la fortune du comité, dut naturellement s'émouvoir de la création de *la Nation* ; elle put craindre d'être débordée par le bon marché de cette feuille, elle trembla pour son existence déjà mal assurée, elle s'éleva aussi contre *la Nation*.

Ces attaques n'étaient pas faites pour entretenir l'harmonie diplomatique qui existait entre les divers organes de l'opinion légitimiste, entre le comité et *la Gazette de France*.

Le comité, à la vue du danger qui menaçait la presse soumise à son influence, résolut de faire quelque chose pour la soutenir. Il prépara une organisation nouvelle. Après un mois d'hésitation et de tiraillements, on résolut de réduire le prix de *la Quotidienne* de 60 à 48 francs. Si l'on en croit les bruits qui ont couru à ce sujet, on aurait décidé en outre de demander à Madame la Dauphine un secours de 150,000 francs pour opérer cette réduction.

L'on doit s'étonner que les riches propriétaires qui composaient le comité, et dont les fortunes réunies s'élèvent ensemble à plusieurs millions, n'aient pas trouvé assez de générosité dans leur cœur, pour épargner aux princes exilés la demande d'un si lourd sacrifice.

L'abaissement du prix de *la Quotidienne* était la contre-partie du bon marché de *la Nation*.

Qu'il y ait eu calcul ou non de la part du comité dans cette mesure, il n'en faut pas moins reconnaître, qu'elle n'était pas favorable à *la Gazette de France*.

La Nation, en effet, ne peut être faite à *trente* francs qu'en se servant en partie de la composition de *la Gazette*, dont l'abonnement est à 80

La diminution du prix de *la Quotidienne*, ayant pour effet probable, d'enlever des abonnés à *la Gazette de France*, c'était rendre difficile, impossible même à cette dernière la publication de *la Nation*; c'était porter un coup mortel à *la Gazette de France* elle-même.

L'on voit que la guerre sourde, qui existait entre *la Gazette de France* et le comité, se continuait sous toutes les formes.

A une question de principes venait se joindre tout-à-coup une question d'intérêt.

Pendant que ces choses se passaient, le journal *la France*, lancé en enfant perdu, attaqua le système de la représentation nationale. A l'entendre, elle semblait être autorisée à cette brusque sortie par de hautes influences. La destruction de *la Gazette de France* et la condamnation de sa ligne, paraissaient avoir été résolues.

La Gazette protesta contre les doctrines de la feuille absolutiste.

Ce fut le signal de la guerre à front découvert.

A quelques jours de là, M. Berryer ayant fait entendre à la tribune un discours admirable sur la question des sucres, *la Gazette* déplora que le grand orateur n'eût pas également employé son éloquence, pour porter à la tribune les principes royalistes de liberté et de droit commun. Elle lui reprocha d'avoir gardé un coupable silence lors de la discussion de la loi sur les bastilles.

Aussitôt après cette appréciation de *la Gazette de France*, sur la conduite du grand orateur dans le parlement et sur la direction qu'il avait imprimée à l'opinion légitimiste, M. Berryer assembla le comité et les députés royalistes pour obtenir une protestation contre *la Gazette*.

La réunion ne put avoir lieu sans que la question de principes ne vînt à être soulevée dans le sein de l'assemblée, à côté même de la question de personnes et de journaux, qui était à l'ordre du jour. Après de vifs débats, les députés décidèrent sur la proposition de M. Béchard, qu'ils ne pouvaient publier une déclaration en faveur de M. Berryer, sans la faire suivre d'une déclaration de doctrine. L'on en vint à reconnaître de nouveau la nécessité d'un programme clair et précis. M. de La Rochejacquelein voulait qu'on reconnût enfin, d'une manière explicite et franche, *les droits de la nation comme les droits du roi*. On fut près de s'entendre ; l'unité allait se faire, dans le parti royaliste, dans le sens national de *la Gazette* ; mais nous ne savons pas à quelle circonstance il a tenu qu'il en fût autrement.

Un fait seulement pourrait mettre sur la voie de la vérité, c'est la retraite de M. de Dreux-Brézé du comité royaliste. On sait que le noble pair est un représentant de la ligne nationale des royalistes.

De son côté, M. de La Rochejacquelein a déclaré se séparer entièrement des hommes qui ne reconnaissaient pas les droits imprescriptibles de la nation à côté de ceux du roi.

XXVI

Un des spectacles les plus curieux de cette lutte, c'est de voir la presse dynastique combattre avec *la France* et *la Quotidienne* contre *la Gazette de France*.

XXVII

Le résultat de cette crise sera-t-il fatal à l'opinion royaliste ?

Le fait est qu'il y a dans le camp royaliste beaucoup de fidé-
lités lasses et fatiguées, qui voient avec plaisir la discorde se
mettre dans les rangs, afin de profiter du désordre du parti
pour passer au pouvoir existant avec armes et bagages.

Mais les convictions sont plus fortes que les circonstances et
les événements.

L'opinion légitimiste est une conviction; mieux que cela,
une religion.

Seulement, les royalistes nationaux sont rejetés par la force
des choses, d'une opposition tacite à une opposition tranchée
avec les prétentions de la cour des princes exilés et la ligne
parlementaire du comité.

L'allure des royalistes nationaux. en présence de la nation,
n'en sera que plus libre, leur marche, que plus rapide. Ils en-
treront davantage dans la conscience du peuple.

Nous avons déjà fait comprendre plus haut que la révolution
de Juillet est l'œuvre de la boutique et des classes moyennes,
contre la royauté, la propriété agricole et le peuple. Pour se
convaincre encore davantage de cette vérité, on n'a qu'à se
rappeler qu'elle a été faite par Paris, où le commerce exerce la
plus haute influence.

Qu'on porte encore ses regards sur les préoccupations, les
tendances et les travaux du parlement et des ministères depuis
la révolution.

Qu'on suive la marche du gouvernement, qu'on interroge
les sollicitudes et l'esprit qui le poussent et le dirigent.

Tout gravite vers l'industrie, vers l'agiotage, la corruption,
et vers le trafic, la défense du monopole.

Ce sont les affaires des hommes du monopole que l'on fait,
et non pas celles de la France.

Il n'y pas au monde de gouvernement pire que celui où la
volonté des commerçants et des industriels fait EXCLUSIVE-
MENT la loi et la règle.

La logique de l'égoïsme et de l'intérêt de magasin conduit
nécessairement les parties intéressées à l'exaltation indéfinie
de leur propre domination, à une direction de la chose pu-

blique, capricieuse, maussade et rétrécie. Il est inutile de dire que, dans cette sorte de gouvernement, la politique étrangère est presque toujours honteuse à l'égard des peuples voisins, qui menaceraient de troubler du bruit de leurs armes la quiétude commerciale du royaume.

Si donc l'équilibre politique est rompu dans la société française, depuis de nombreuses années, entre les diverses classes de la population, la révolution de Juillet est loin de l'avoir rétabli. Elle a fait un simple déplacement de priviléges. Mais à côté de l'aristocratie qu'elle a créée, et qui, sans être nominative, n'en est pas moins réelle, il y a des intérêts et des droits qui souffrent, qui sont sacrifiés au monopole de la boutique et des électeurs à 200 francs.

Les royalistes nationaux ont la prétention de remédier à cet état de choses, en faisant cause commune avec les citoyens dépossédés de leurs droits, avec le propriétaire et le pauvre peuple, non pas pour opprimer à son tour la bourgeoisie commerçante, mais seulement pour l'empêcher d'opprimer les autres.

Il ne doit pas y avoir de parias politiques dans la société française.

⊰⊱●⊰⊱

XXVIII

La puissance que l'on puise dans la cause du droit commun et dans l'élément démocratique, soit que l'on veuille faire du pouvoir ou de l'opposition, est incontestable.

Voyez O'Connell, qui s'appuie sur les droits de l'Irlande, comme il est fort contre l'usurpation anglaise! et cependant, parce qu'il est avec le peuple et pour le peuple, prêche-t-il des maximes subversives des états et de l'ordre public? Ses doctrines sont purement nationales, il veut le triomphe paisible de la liberté irlandaise sur le despotisme de la conquête, qui oppresse encore sa malheureuse patrie.

Ces lignes étaient déjà écrites quand M. de Lamartine est venu nous offrir un autre exemple, tout plein aussi d'actualité, à l'appui de la proposition qui fait l'objet de ce chapitre.

Je veux parler de l'effet prodigieux que cet illustre député a produit en France par son discours aux citoyens de Macon.

Tant qu'il avait paru faire, en quelque sorte, cause commune avec le monopole, il avait vu son action politique s'exercer seulement dans un cercle étroit d'amis et d'admirateurs. Mais à peine a-t-il eu brisé avec le pouvoir, à peine a-t-il fait entendre ces paroles mémorables : Le droit partout, la liberté pour tous ; qu'il a vu les masses répondre à son appel ; et M. de Lamartine, d'homme de talent, de puissance isolée, est devenu tout à coup l'homme du peuple, et le représentant de la nation.

XXIX

Depuis longtemps les royalistes nationaux semblent avoir compris la puissance de l'appui démocratique national.

Il ne s'agit pas ici de ce principe démocratique, violent de sa nature, impérieux dans ses exigences, qui ne procède que par agitation, qui tue et qui proscrit, et qui fonde la société sur des conventions purement spéculatives. Ce principe, s'est perdu sous les débris entassés par la révolution de 89. La faction républicaine ne le reconnaît même plus.

Mais il s'agit bien d'un principe national, qui constitue, au contraire, l'unité de la société française, par l'union du roi et du peuple, qui appelle à la fois le chef de l'Etat et les citoyens *de toutes les classes* à concourir ensemble à la prospérité et à la gloire de la patrie.

Les royalistes nationaux ne comprennent la royauté légitime, qu'intimement liée à la puissance démocratique, *dans une unité invisible d'action et d'existence.*

Le monopole électoral, la souveraineté de la boutique et de l'électeur à 200 francs, l'intérêt révolutionnaire s'opposant aujourd'hui à la réalisation de cette unité nationale et nécessaire, les royalistes nationaux, pour arriver à leur but, demandent la réforme électorale et le droit commun. Ils sont avec le peuple oublié et la propriété méconnue, contre les priviléges, avec l'élément démocratique et territorial, contre l'usurpation.

XXX

Mais tel n'est pas l'avis des royalistes constituants et absolutistes. Ils accusent volontiers les royalistes nationaux de *démagogie* et de déraison.

On comprend aisément, en effet, que les souvenirs de 93 aient laissé des doutes, des craintes et des défiances dans certains esprits.

« N'allons pas au désordre, » s'écrient avec effroi les hommes craintifs du parti.

A ces cris d'épouvante les royalistes nationaux répondent : « Vous ne marchez plus depuis longtemps ; adopter vos moyens d'opposition, c'est rester à la même place ; adopter vos principes de gouvernement, c'est tourner dans un cercle vicieux. »

« Nous arriverons par le parlement, répliquent les constituants. Nous avons à la Chambre l'orateur le plus considérable du siècle. Chaque jour il prend de l'influence sur l'esprit des députés, on l'écoute avec faveur; le système vieillit et s'use. Il y a dans les événements et chez les hommes des retours heureux et imprévus dont nous saurons profiter. M. Thiers est lié d'amitié avec M. Berryer, et M. de Noailles est en bons termes avec M. Guizot. Ainsi, sans secousse, sans courir les risques de l'agitation démocratique, nous pouvons arriver à la défaite de la révolution et au triomphe de la vérité monarchique en France.

Les royalistes nationaux goûtent peu ce système; ils traitent d'illusion les espérances des constituants, et de folie leur manœuvre. « Pour espérer un changement quelconque, disent-ils, il faut changer les éléments constitutifs de la Chambre, et par conséquent modifier à son tour la base électorale. »

« Tant que les hommes du gouvernement croiront l'existence du monopole assurée par votre concours même ou vos complaisances, ils continueront à suivre avec sécurité le système politique désastreux, dans lequel ils sont engagés; ils ne cesseront pas de tenir les royalistes éloignés des affaires publiques, de proscrire nos principes et notre cause, d'exploiter impunément la France au profit de la révolution. Mais du jour où ils verraient le terrain trembler sous leurs pieds dans les retranchements du monopole, ils vous appelleront à leur secours et à leur délivrance. »

« C'est dans la réforme électorale et le droit commun, qu'est le salut de la patrie, le triomphe de la vérité monarchique. Vous craignez, en descendant plus avant dans le peuple, que les élections ne vous rapprochent de plus en plus de la république, vous vous trompez; les élections municipales qui se font dans des conditions plus larges que les élections parlementaires, sont souvent royalistes, et ce résultat ne surprend pas ceux qui pensent que le principe monarchique est un principe de la nationalité française, tout comme celui du droit commun, et de la liberté démocratique. »

« D'ailleurs l'exemple de la monarchie de la Restauration, qui est tombée, parce qu'elle ne s'appuyait pas, ainsi que la monarchie de Juillet, sur le droit commun et l'intérêt général, nous démontre tout le danger et l'incertitude des pouvoirs assis sur les théories du monopole, les priviléges et les formes anglaises.

Nous voulons une royauté forte et grande, un gouvernement à l'abri des retours des partis et des factions ; un pouvoir qui ne pèse pas sur une partie de la population pour le profit d'une autre ; nous voulons, en un mot, la royauté nationale. *Tout pour la France et par la France !*

XXXI

Pour compléter ce tableau des dissidences royalistes, il faut dire qu'en général la jeunesse, la portion agissante du parti, se prononce pour la cause nationale.

La jeunesse royaliste, en effet, a des reproches particuliers à adresser au comité. Elle se plaint de l'abandon où elle est livrée.

« Ce n'est pas, dit-elle, autour d'un tapis vert, et au moyen » d'une diplomatie aux petits pieds, faite avec un mystère et » une importance approchant quelque peu du ridicule, qu'on » parviendra à populariser la cause légitimiste.

» La lumière que l'on tient sous le boisseau est comme si elle » n'existait pas ; elle est perdue pour nous et pour la France. » L'oubli, comme les morts de la légende, marche vite....

« Nous sommes blessés de la défiance que l'on montre à no- » tre égard, et de la morgue courtisanesque qui nous tient à » distance du prince que nous aimons.

» Arrière les endormeurs ! »

XXXII

Au milieu des émotions de la crise actuelle et des clartés que la discussion soulevée entre les divers organes du parti légitimiste, vient de répandre sur les causes de la dissidence, beaucoup de royalistes nationaux, justement étonnés de l'impuissance et de l'immobilité des *endormeurs* du parti, pour nous servir ici du mot des jeunes gens, semblent avoir résolu de se passer de la direction molle, étroite et indécise du comité supérieur et d'aller en avant sans lui et hors de lui.

Ils ont commencé d'abord par rappeler les principes qui les guidaient, et, pour n'avoir pas à reproduire leur symbole politique sous une forme nouvelle, ils ont adopté la déclaration rédigée par la *Gazette de France* en 1832, et qu'à titre d'historien nous plaçons ici sous les yeux du lecteur.

DÉCLARATION.

28 Mars 1832.

« Nous reconnaissons comme bases fondamentales de la
» constitution française, établies et consacrées par les assem-
» blées générales de la nation :
» 1° La royauté héréditaire de mâle en mâle, par ordre de
» primogéniture, telle qu'elle a été reconnue par toutes les as-
» semblées nationales de France.
» Nous regardons ce principe, respecté de tout temps,
» comme la garantie de l'ordre public et de tous les droits ;
» nous reconnaissons avec nos ancêtres qu'il a été institué
» pour la nation et afin d'assurer son repos.

» 2° L'inviolabilité de la personne du roi et la responsabilité
» des ministres.

» L'hérédité ne peut être garantie que par l'inviolabilité du
» monarque. La nation possède, dans la responsabilité minis-
» térielle, toutes les conditions d'ordre et de liberté dont elle a
» besoin. Attenter à l'inviolabilité du roi, c'est chercher dans
» l'anarchie le remède des abus.

» 3° Nous proclamons le vote libre de l'impôt et des lois par
» les représentants de la nation, convoquée en assemblée de
» communes et de provinces.

» Nous appelons aux assemblées des communes « tous Fran-
» çais ou naturalisés français, âgés de vingt-cinq ans, domiciliés
» et compris au rôle des impositions directes,» conformément
» à la déclaration du 24 janvier 1789.

» 4° Nous reconnaissons également comme bases principa-
» les du droit public de la France, reconnues par les délibé-
» rations des assemblées et la déclaration royale du 23 mai
» 1789, la liberté individuelle, l'inviolabilité de la propriété,
» la liberté de la presse, la liberté religieuse et de conscience,
» la franchise du domicile, l'égalité devant la loi et dans la ré-
» partition des charges, l'admissibilité de tous aux fonctions
» publiques, l'indépendance des tribunaux, l'institution du
» jury.

» Ces droits devant être soumis à des règles déterminées par
» la loi pour qu'ils ne puissent nuire à la société, et nul Fran-
» çais ne pouvant trouver de limites à sa liberté que dans la
» volonté générale exprimée par la nation, les états-généraux
» détermineront dans quelles bornes et à quelles conditions
» ces droits seront exercés.

» 5° Nous regardons comme acquises à la France l'indépen-
» dance des communes et des provinces, en ce qui concerne
» les intérêts locaux, l'élection de leurs magistrats par les
» citoyens contribuables et domiciliés, la libre délibération
» des conseils librement élus, sur tout ce qui se rapporte à
» l'administration de leurs affaires particulières.

» 6° Nous regardons comme nécessaires au repos et à la

» prospérité de la France, comme dérivant des principes que
» nous avons établis, les points ci-après :

» 1° La périodicité des états-généraux.

» 2° Le vote public et patent, seul mode conforme au carac-
» tère de la nation et à l'honneur français.

» 3° L'abolition du serment en matière d'élections commu-
» nales, provinciales et générales ; les mandataires ne devant
» s'engager qu'envers ceux de qui ils tiennent leurs pouvoirs.

» 4° L'association des citoyens entre eux, dans les villes, en
» corporations libres, d'après l'état actuel de la société et se-
» lon les intérêts communs, auxquelles il sera assuré, non des
» privilèges, mais une représentation.

» 5° L'administration gratuite.

» 6° La restitution aux communes de leurs biens non ven-
» dus et établissements, et la libre disposition de leurs capi-
» taux et revenus.

» 7° La liberté de l'enseignement, dérivant des droits du
» père de famille et de la commune.

» 8° L'établissement d'un conseil d'état inamovible.

» 9° La création d'une chambre haute, composée des grands
» dignitaires de la couronne, des maréchaux de France, des
» présidents des cours judiciaires, et des grandes notabilités et
» capacités de la France.

« 10° La répartition de l'impôt par les assemblées provin-
» ciales, départementales et communales. »

La Gazette faisait suivre cette déclaration des réflexions
suivantes, qu'il est important de connaître.

« Telles sont les règles et les conditions, disait-elle, que
» nous regardons comme propres assurer à notre pays l'ordre
» et la liberté, en même temps que la prospérité générale et
» de chacun. En mettant le principe de liberté sous la garantie
» du principe de la royauté héréditaire, nous lui donnons
» toute l'étendue dont il est susceptible, en même temps que
» nous fortifions le pouvoir suprême de toute l'autorté de la
» volonté nationale.

» Tel est l'acte que nous soumettons à tous les hommes

» loyaux qui voudront se séparer de l'esprit de parti pour
» entrer dans les voies nationales. La France ne doit plus être
» trompée, et il sera impossible qu'elle le soit quand elle saura
» sous quelles conditions elle accorde sa confiance. Ce n'est
» pas ici une Charte octroyée ; ce n'est pas non plus un traité
» disputé sous une foi douteuse entre deux parties, avec des
» clauses résolutoires. Notre déclaration de principes est
» l'œuvre progressive des siècles, elle est la propriété de la
» nation entière qui l'a naturellement acquise par son propre
» développement. La seconde partie, pour l'amélioration du
» système représentatif et de l'administration intérieure, n'est
» pas non plus une œuvre nouvelle ; elle reproduit fidèlement
» la pensée de nos pères, lorsqu'ils furent appelés à porter
» leurs vœux au pied du trône de Louis XVI, pensée religieu-
» sement recueillies par le monarque dans sa déclaration, et
» que les factions ont étouffée sous les ruines de notre état
» social.

» La France étant saisie de cette déclaration, sachant en qui
» placer sa confiance, il ne serait plus au pouvoir de personne
» de déplacer les questions et de nous jeter hors des voies na-
» tionales.

» Il serait impossible que pareille chose arrivât. Si les au-
» teurs des ordonnances n'ont pu dépouiller quelques milliers
» d'électeurs de leurs droits, comment un parti pourrait-il en
» priver toute la nation lorsqu'elle en serait saisie ? Ensuite les
» conditions de confiance et de choix étant fixées, et devenant
» le titre et le mandat de l'élection, comment se formerait-il
» un parti capable de dépasser le vœu national ? On ne re-
» commence pas l'escamotage de Mirabeau et de M. de Tail-
» leyrand. C'est précisément contre cette violation que le
» mouvement doit s'opérer.

» Mais ce mouvement doit s'accomplir par l'effort de la raison
» et non par des secousses et des violences. Il s'agit de ré-
» parer et non de bouleverser. C'est pourquoi ceux qui s'uni-
» ront à nous ne doivent pas abandonner le terrain qui leur
» reste. Qu'ils regagnent, au contraire, celui qu'ils ont perdu, et

» en élargissent le cercle. Ce n'est pas le tout de proclamer
» une profession de foi, il faut encore la faire triompher par
» la parole, par la presse, par la tribune, par toutes les voies
» encore ouvertes. »

Parmi ces voies encore ouvertes à l'action réparatrice du
parti royaliste, l'expérience des onze années écoulées depuis
la publication du précédent manifeste semble indiquer la ligne
de la réforme électorale, comme une des plus certaines et des
plus efficaces. C'est du moins la voie de la justice et du droit
commun, celle où l'on doit se rencontrer tôt ou tard avec la
grande majorité des citoyens, revendicant de la révolution
leurs franchises escamotées, leur liberté et leur indépendance.
Là où est la vérité, le droit, le nombre, se trouvent nécessairement les chances de succès les moins douteuses.

« L'examen et la critique, disait la *Gazette de France* dans
le préambule qui précédait la déclaration de 1832, et qui semblerait écrit, presque en entier, pour les choses présentes, l'examen et la critique ne sont pas les seuls besoins de la société,
c'est de l'action qu'il faut dans les circonstances difficiles. »

Les royalistes nationaux paraissent aujourd'hui encore plus
pénétrés que jamais de la nécessité d'agir. « Les temps sont
« pleins d'événements, disent-ils, nous ne voulons pas que
« la nation soit prise au dépourvu au milieu des éventua—
» lités immenses qui peuvent surgir dans un avenir plus
» ou moins rapproché. Notre confiance dans la force et dans la
» droiture du pouvoir du parlement, usurpateur des droits de
» tous, n'est pas grande; jamais les gouvernements du mono-
» pole n'ont été forts ni francs dans les jours de crise. Tandis que
« la nation s'est toujours montrée supérieure à sa mauvaise for-
» tune. La nation donc, la nation entière dans la représentation
» du pays, voilà ce que nous demandons, voilà le fait que nous
» prétendons réaliser pour préserver d'abord la société fran—
» çaise des dangers qui la menacent, et pour restaurer ensuite,
» avec elle et par elle, les principes antiques, vrais et ration-
» nels de sa puissante nationalité. »

Ces tendances réformistes et militantes des royalistes nationaux n'ont pas la haute approbation du comité, ni celle des royalistes parlementaires.

Au fond, la plupart de ces derniers professent bien les mêmes principes politiques que les nationaux. Du moins, la profession de foi que la *Quotidienne* a publiée dans son numéro du 25 mai dernier semblerait l'indiquer. Voici cette pièce.

« Vérité dans le pouvoir.

» Force dans le gouvernement.

» Intervention publique de la nation dans la gestion des » affaires.

» Vote de l'impôt par ceux qui le paient.

» Représentation politique réelle du peuple entier.

» Organisation libre des municipalités.

» Indépendance des conseils administratifs.

» Liberté d'enseignement.

» Liberté des cultes.

» Puissance de répression dans l'état. »

Cette profession de foi ne diffère essentiellement pas de la déclaration de 1832. Mais où la dissidence commence entre les parlementaires et les nationaux, c'est dans les moyens d'exécution et d'action, dissidence profonde et d'une portée plus considérable, quant aux résultats à obtenir, qu'on ne pourrait l'imaginer au premier aperçu.

Car d'un côté l'on respecte le monopole dans son institution fondamentale, dans le fait de son existence. On reste son vassal et sa créature. L'on se réserve bien, il est vrai, ce droit de critique et d'examen, dont nous parlions tout à l'heure, mais on repousse les termes d'action, qui peuvent seuls rendre féconds l'examen et la critique. On veut le but sans les moyens. On admet les principes nationaux et l'on soumet en même temps leur future réalisation au bon plaisir du monopole.

En vérité, ne croirait-on pas entendre des voyageurs pressés, mais épuisés de fatigue, criant : poursuivons notre route, et qui se jetteraient sur un lit de repos.

De l'autre côté au contraire, chez les royalistes nationaux, on veut à la fois le but et les moyens, car pour eux ce sont deux choses identiques-et qui sont l'une dans l'autre. Ils veulent donc, sans retard aucun, procéder à la destruction du monopole, et tout en déplorant la funeste immobilité, dans laquelle persistent leurs frères dissidents, ils comptent aller toujours en avant dans la carrière. Ils perdraient à les attendre des moments trop précieux.

« L'air qu'on respire dans les régions du monopole est empoisonné, disent-ils, le monopole comme le mancenillier assoupit et tue ceux qui reposent à son ombre.

« Amis, prenez garde aux séductions et aux piéges du monopole. Déjà votre voix, au lieu de grandir, baisse au sein du parlement, dans cette même enceinte, où vous conseillez cependant de concentrer toute l'activité de l'opposition légitimiste: Hélas! la contagion du mal commencerait-elle à vous gagner? La mollesse et la lâcheté à se glisser dans votre cœur? Vous vous taisez sur les droits politiques de la nation, vous ne portez pas à la tribune les principes que vous professez avec nous? Eh! vous prétendriez diriger la marche de l'opinion royaliste, lui tracer pour champ de bataille le cercle étroit où vous vous mouvez? Non, non, qu'on le sache bien, nos représentants à la Chambre ne sont pas nécessairement nos chefs ; et l'on ne peut être notre représentant, qu'à la condition de représenter virtuellement en pensée, en paroles et en actions, nos doctrines, nos intérêts, nos souffrances, notre cause enfin, la cause légitime des droits méconnus du roi et du peuple. Autrement, ce serait introduire, dans le camp royaliste même, la suprématie du monopole parlementaire de la révolution, ce qui est entièrement opposé aux principes monarchiques et nationaux que nous professons, où le gouvernement appartient au roi et la représentation à tous. Nous voulons la vérité et non la fiction de nos principes, la vérité dès aujourd'hui dans les moyens d'opposition, la vérité dans le but. Il nous reste encore à conquérir à notre cause la confiance d'une multitude d'esprits généreux et flottants, qui seraient nos auxiliaires du jour où nous leur présenterions une certitude de liberté.

« La France a été si souvent trompée par les différentes factions, qui l'ont successivement gouvernée ou opprimée depuis 89, que pour l'entraîner avec nous, même dans la voie du salut, il faut aujourd'hui lui démontrer, avant tout, la sincérité de nos paroles.

« La plus noble et la plus belle preuve à lui en offrir, c'est évidemment de commencer, sans retard, la pratique du programme royaliste par le côté même, qui assure les droits de tous ; la réforme électorale est le chemin qui doit nous mener à la conquête de nos franchises, de nos libertés, de notre nationalité.

« Entre nous l'union n'est possible que par l'unité dans cette voie ; sinon, non ; les souvenirs, les remords peut-être, l'expérience du passé nous défendent aujourd'hui contre les défaillances de principes. Si, durant la Restauration, au lieu de faiblir devant l'amour et le respect que nous portions à la couronne, nous eussions combattu sans ménagements et sans relâche, pour nos convictions contre le monopole de la Charte octroyée et les priviléges du parlement d'alors, la royauté légitime serait encore debout, forte et puissante , appuyée d'un côté sur son droit, et de l'autre sur la nation. Hélas! les ruines en nous enlevant à notre faiblesse nous ont appris à être sages et résolus. Nous voulons, avant tout, le salut de la France. »

Tel est à peu près le langage que tiennent les royalistes nationaux dans l'intérêt de leur cause, langage ferme et précis, qui ne doit laisser aucun doute sur leurs intentions ultérieures. Loin qu'il s'agisse pour eux d'une adhésion purement diplomatique à la déclaration de 1832, c'est bien, au contraire, d'une adhésion sérieuse qu'ils entendent parler, immédiatement suivie des effets de l'exécution. Ils prétendent amener la révolution, bon gré malgré, à la réforme électorale, à l'abandon des priviléges parlementaires. Ils veulent que la France ait enfin raison des gouvernements de monopole. Le dernier mot de cette lutte est le refus de l'impôt, auquel ils vont préparer la nation de longue main.

Ce qui semblerait annoncer de la part des royalistes nationaux une idée bien arrêtée sur ce point, un plan fortement

concerté entre eux, c'est cet axiôme caractéristique qu'ils s'effor-
cent aujourd'hui de populariser dans le parti. « Tout bon légi-
» timiste n'est pas seulement celui qui professe les principes
» de la nationalité française, mais encore celui qui paie, cha-
» que année, pour la défense de sa foi politique une somme
» proportionnelle à sa quote-part d'impositions, à sa fortune
» et à son zèle. »

La mesure financière que O'Connell a prise en Irlande produit les plus heureux résultats pour la cause des *repealers*.
Elle a placé entre les mains du grand agitateur les moyens
d'une puissante action.

Il y a en outre, pour les royalistes français, une question
d'indépendance royale dans la question de finance.

XXXIII

La différence qui existe entre les royalistes nationaux et
les royalistes parlementaires, c'est que les premiers veulent
constituer la nation, et les seconds, le parti légitimiste seulement.

XXXIV

Après les deux chapitres précédents, il nous reste peu de
chose à dire sur la crise actuelle du parti légitimiste et sur les
deux grandes lignes, entre lesquelles il est aujourd'hui par-

tagé, l'une, celle que M. de Villèle était venu promulguer à Paris en 1841, la seconde, imaginée et suivie par le comité, sous une autre influence.

Nous avons présenté, à grands traits, les faits et les points principaux de la discussion des deux camps. Le lecteur restera juge du débat.

Nous ajouterons seulement, que de part et d'autre les royalistes travaillent aujourd'hui à gagner à leur opinion respective le plus d'adhérents possibles.

C'est ainsi qu'après la démission de M. de Dreux Brézé et les protestations de MM. de Larochejacquelein et de Larochefoucault Doudeauville contre la ligne parlementaire, le comité s'est hâté d'appeler dans son sein trois nouveaux membres choisis sur les bancs de la Chambre des députés, et qui sont MM. Béchard, Denys-Benoit, et Arthur de Labourdonnaye.

La double propagande se poursuit également par la voie de la presse et par les correspondances particulières.

Heureuse la ligne qui pourrait mettre au jour tout ce qu'elle écrit contre ses adversaires !

XXXV

Nous pensions être arrivé au terme de notre travail. Mais les événements marchent plus vite que notre plume.

Voici que M. de Larochejacquelein, un des tenants de la ligne nationale, vient de faire tout-à-coup, à la tribune même du parlement, une éclatante sortie contre le monopole.

Déjà à l'occasion de la discussion sur la loi de régence, il avait été dit : *Au nom des droits de tous, je proteste !*

Et présentement en réponse aux ministres, qui avaient osé appeler les fortifications de Paris, *une œuvre nationale*, il s'est écrié : vos bastilles? elles préparent l'esclavage de la France ; si elles sont une œuvre nationale, comme vous le prétendez, *j'en appelle à la nation consultée !*

Ces simples paroles ont soulevé au sein du parlement une véritable tempête de murmures et de cris. On a vu, durant ce tumulte, le ministre des affaires étrangères, debout à sa place, les traits pleins de colère et d'indignation, demander avec un geste impérieux, au Président, le rappel à l'ordre de l'orateur réformiste.

Pourquoi ces cris et cette colère? C'est que le gouvernement révolutionnaire se sentait atteint, au milieu même de l'assemblée, qui lui a donné la vie, dans les principes qui continuent son existence, sur lesquels sont fondées la raison de son triomphe et les espérances de sa durée.

Les droits de l'ordre de choses établi, les priviléges du monopole, tous les faits fondamentaux de la révolution se trouvent implicitement révoqués en doute et remis en question par l'appel à la nation consultée.

Pour mieux faire comprendre encore à nos lecteurs la portée des paroles de M. de La Rochejacquelein, nous croyons utile de faire ici une courte digression sur les fortifications de Paris.

Les fortifications de Paris changent le système de défense du royaume, en reculant sur la capitale le point d'appui définitif, le plus considérable, des opérations militaires dans les guerres d'invasion étrangère.

C'est ainsi que toute la partie du pays au nord de la France, à cause de l'influence que ce déplacement, dans l'économie du système des forteresses nationales, va exercer sur l'esprit du soldat et sur le mouvement stratégique des armées, se trouvera rapidement abandonné à la merci de l'ennemi. Le nord cesse d'être compris dans la ligne fortifiée de *sérieuse défense* du territoire, créée par Louis XIV et que l'on aurait pu facilement compléter de nos jours, par les déversements successifs des eaux de la Scarpe dans la Deule, de la Deule dans la Lys, de la Lys dans l'Aa ; ce qui rejetterait sur la frontière de la Belgique, toutes les eaux de ces rivières et permettrait au besoin d'en inonder la campagne, autour des nombreuses places fortes qui existent de ces côtés.

Mais dans le nouveau système, Paris, qui est déjà le but de l'invasion, devenant par ses énormes fortifications la ressource la plus importante de la défense du royaume, sera le commencement comme la fin de la guerre. Malheur alors à la capitale, si, la victoire faisant un jour défaut à notre fortune, elle se trouvait en présence de l'ennemi, assez mal disciplinée dans son sein, ou assez peu approvisionnée, ou assez malheureuse, pour ne pouvoir éviter l'anarchie de la rue, la famine ou le pillage après un assaut!...

Mais le plan, qui consistait à compléter la ligne fortifiée du nord de la France par de nouveaux travaux, ou celui plus simple encore, selon nous, qui serait de conquérir la barrière naturelle du Rhin, par l'absorption dans la nationalité française, de la Belgique et des provinces Rhénanes intérieures, ne remplissait pas le but secret du système ou effrayait ses goûts invinciblement pacifiques.

Il considérait, que si les fortifications de Paris étaient une mesure médiocre, sous le rapport de la défense du territoire du royaume, elles lui donnaient aux moins des moyens puissants, pour contenir cette ville dans les limites de la plus étroite dépendance.

Les forts détachés sont, il est vrai, assez éloignés de Paris pour que les habitants n'aient à redouter de leurs feux que la portée incertaine des mortiers d'un calibre excessif. Mais au fait, la capitale n'en sera pas moins comprimée dans son indépendance par cette ceinture menaçante de forteresses, construites à ses portes, et qui rendent le pouvoir maître de sa campagne et de ses débouchés ; circonstance suffisante pour étouffer les velléités de liberté et d'agitation, qui pourraient venir à l'esprit des citoyens.

Toutefois, les dresseurs de bastilles ne veulent pas se contenter, pour contenir Paris, de cette violence purement passive, qu'ils exerceront sur ses destinées au moyen des forts détachés. Il ne lui sera pas même permis de dormir tranquille dans ses murailles sur la foi des difficultés d'un bombardement , rendu incertain à cause des distances; on lui construira, sur l'enceinte continue même, là, tout près de ses palais et de ses demeures, dans la gorge des bastions les plus importants, une douzaine de casernes casematées, crénelées, fortifiées ; défendues du côté de Paris par des fossés, avec escarpe et contrescarpe, pieux et ponts levis. Des chemins de fer construits circulairement à ces casernes, avec tout l'art, que le génie militaire sait apporter dans ses travaux, où rien n'est livré au hasard, où tout est, au contraire, prévu et calculé, permettront de tourner facilement de l'extérieur contre l'intérieur, les pièces de gros calibre, dont les bastions seront armés. Les casernes fortifiées pourront loger trois bataillons.

Que Paris s'avise alors d'élever la voix ou des barricades contre le despotisme !

Paris est donc perdu pour la cause de la liberté en France.

Paris est désormais un esclave, sous la dépendance absolue du maître. Les citadelles du monopole forment l'enceinte redoutable de sa geôle, et les canons de ces citadelles, les anneaux de sa chaîne.

Le salut et l'indépendance ne peuvent donc plus venir que des provinces à la France, que de la circonférence au centre, par le droit commun et le concours spontané et énergique de la nation.

Et maintenant, l'on a compris toute la puissance des principes de réforme, portés à la tribune par le représentant de Ploërmel et toute la valeur de ses paroles : *J'en appelle à la nation consultée.*

XXXVI

M. le baron de Pignol, ancien sous-préfet, qui déplorait la scission opérée au sein du parti légitimiste, crut que l'occasion était favorable de tenter, à l'ombre du beau nom de Larochejacquelein, un rapprochement entre les royalistes divisés. Il résolut donc de les appeler tous, dans un commun accord, à décerner une médaille d'honneur au noble député de Ploërmel, pour consacrer sur l'airain la mémoire de sa courageuse protestation dans la Chambre contre le monopole.

L'exergue de cette médaille devait porter ces mots significatifs :

AU NOM DES DROITS DE TOUS JE PROTESTE.
(Loi de régence, 1842.)

J'EN APPELLE A LA NATION CONSULTÉE.
(Fortifications de Paris, 27 juin 1843.)

M. de Pignol écrivit donc à divers organes de la presse légitimiste, à Paris, pour leur faire part de sa proposition.

La Gazette de France seule inséra la lettre et ouvrit la souscription.

Les autres journaux, soumis au comité et à la ligne parlementaire, ont jusqu'à présent gardé le silence le plus absolu sur cette affaire, ou ont refusé leur concours sous différents prétextes plus ou moins plausibles, faisant entendre enfin, qu'ils ne voulaient pas tomber dans un piége de *la Gazette.*

En effet, frapper une médaille pour consacrer d'une manière authentique et solennelle les paroles réformistes et nationales de M. de Larochejacquelein, c'était dévier de la ligne parlementaire et reconnaître hautement que l'on avait tort ; c'était renier d'un seul coup tout ce que l'on avait écrit et fait la veille même contre les royalistes réformistes.

La médaille de M. de Larochejacquelein, en cessant d'être un moyen d'union entre les légitimistes des deux camps, va rester au moins un monument de la sincérité des royalistes nationaux, pour les principes de liberté proclamés dans la déclaration de 1832.

Elle marquera le point de départ de l'ère nouvelle, qui s'ouvre pour la cause de l'ancienne monarchie, l'entrée des royalistes dans la voie pratique de leur programme.

A défaut des royalistes parlementaires, les nationaux comptent sur le concours du peuple, qui commence à rendre justice à la droiture de leur cœur, et qui finira par s'associer à leurs travaux, comme à leurs espérances.

Aussi attribuent-ils à cet événement assez d'importance pour vouloir en perpétuer sur l'airain l'éclatant souvenir.

Pendant que le comité gardait le silence dans ses journaux sur l'affaire de la médaille, et qu'il faisait glisser ses rédacteurs sur les paroles nationales de M. de Larochejacquelein, comme sur un fait sans valeur, il autorisait d'autre part la *Quotidienne* à rétablir en tête de ses colonnes cette admirable devise : *Tout pour la France et par la France !..*

Ces contradictions n'ont pas besoin de nouvelles explications de notre part ; nous renvoyons nos lecteurs aux distinctions établies par nous, sur les deux lignes royalistes dans les précédents chapitres.

D'ailleurs nous avons hâte de terminer. C'est avec l'événement du jour que notre histoire doit finir, le *memorandum* du comité.

Cette pièce est du genre diplomatique, comme l'indique d'ailleurs son titre même, emprunté aux usages de la diplomatie. C'est une espèce de circulaire, semi-confidentielle, adressée par le comité de Paris aux comités royalistes de la Province. Elle n'était pas destinée à la publicité de la presse. En la divulguant, *la Gazette de France* a forcé les journaux du comité de la publier à leur tour.

Sauf l'introduction, qui présente tous les caractères de l'opi-nion légitimiste, le *memorandum* n'est, au fond, que le res-pect conseillé du système du juste-milieu.

En effet, que dit le comité? Que veut-il pour élément et principe de l'action royaliste? Ecoutons-le, c'est lui qui parle :

« Prendre la société *dans l'état où les évènements accomplis* » *l'ont mise;* respecter les existences et les intérêts acquis; *tra-* » *vailler à donner une juste influence,* en France, à la partie de » cette société, qui offre le plus de garanties par ses lumières, » ses loisirs, sa fortune, son indépendance ; considérer atten-» tivement les progrès généraux qu'a faits la classe moyenne ; » la rassurer contre toute crainte de l'entière dépossession du » gouvernement, qui est aujourd'hui entre ses mains ; se ré-» concilier ainsi avec elle ; lui montrer l'impossibilité du re-» tour des priviléges que le temps a détruits; comprendre et » faire comprendre à cette classe moyenne que, si ce n'est pas » par elle seule, *c'est principalement pour elle* que le gouver-» nement doit agir et se développer ; donner dans ce double » but aux classes inférieures la part d'action et d'influence, à » laquelle elles ont droit, dans le mouvement progressif et as-» cendant de toute la société. » (1)

Si l'on prenait la dernière phrase seule de cette citation, on pourrait bien y trouver quelque chose de favorable à la cause du droit commun. Mais quel peut-être *la part d'action et* *d'influence* réservée *aux classes inférieures, dans un gouverne-* *ment, qui doit agir et se développer* PRINCIPALEMENT *pour la* *classe moyenne?* Il est donc facile de deviner, sous les formes diplomatiques de la rédaction, qu'il s'agit tout simplement ici *d'une part d'action et d'influence* fort restreinte, soumise à peu près aux mêmes conditions de dépendance politique, dans lesquelles les classes inférieures sont placées aujourd'hui vis-à-vis de la classe moyenne. Sans cette interprétation de la pen-sée du comité, la dernière phrase de la citation serait un non-

____

(1) Extrait du *memorandum.*

sens après les indications positives qui la précèdent : *Prendre la société dans l'état où les événements accomplis l'ont mise ; respecter les existences et les intérêts acquis ; rassurer la classe moyenne contre la dépossession du gouvernement, et lui faire comprendre que c'est principalement pour elle, que ce gouvernement doit agir et se développer.*

Les défenseurs de l'ordre de choses établi ne tiennent pas un langage différent. Tous les avantages que le comité recherche, se trouvent réunis dans le régime actuel.

Si les finesses, qui abondent dans le *memorandum*, prouvent qu'il est une œuvre de diplomatie plutôt que de vérité, les contradictions, qu'on y rencontre, démontrent à leur tour, qu'il a dû subir de profondes modifications dans sa rédaction primitive.

C'est ainsi que la réforme électorale, nonobstant les précédentes déclarations de respecter les positions et les priviléges acquis de la classe moyenne, a su se faire jour dans le *memorandum*, à la faveur de l'amendement suivant, accordé, dit-on, aux instances de M. Béchard : « Les royalistes demandent un système administratif et un système électoral fondés sur l'organisation et la représentation des intérêts généraux. » (1)

Nous ne chercherons pas à expliquer toutes les incohérences de la circulaire royaliste de la ligne parlementaire.

C'est une œuvre discordante, qui n'a pas même reçu l'approbation unanime des membres du comité.

M. de Pastoret, si l'on en croit *la Gazette de France*, aurait refusé d'y apposer sa signature.

Absorbés, sans doute, par les préoccupations d'une opposition personnelle contre la ligne des royalistes nationaux, les rédacteurs du *memorandum* n'ont pas aperçu que la conséquence LOGIQUE de leur système était la défection.

Mais la pensée de la défection ne peut pas même se supposer, de la part des hommes d'honneur, qui composent le comité.

Aussi, la dissolution de celui-ci nous paraît-elle inévitable.

Les rectifications, que chaque jour les journaux du comité

____

(1) Extrait du *memorandum*.

sont déjà obligés d'apporter au *memorandum*, en présence des réclamations qui viennent de la province, ne sont pas propres à assurer l'existence d'une direction, mobile dans ses principes et variable dans sa règle de conduite.

Le comité, dans les efforts qu'il fait aujourd'hui pour vivre, nous présente un curieux spectacle : il appelle à son secours les principes royalistes nationaux, qu'il avait d'abord répudiés.

Après la dissolution donc, la réorganisation royaliste. si elle a lieu, se fera dans le sens national. La vie aujourd'hui n'est plus possible, pour les partis, qu'avec la nation

Notre histoire de la crise du parti légitimiste est arrivée à sa fin.

Nous n'essaierons pas d'indiquer l'époque où la réconciliation des deux lignes du parti aura lieu. Cette réconciliation nous paraît difficile. Mais il n'est pas douteux pour nous que la ligne nationale ne finisse par absorber tôt ou tard la ligne parlementaire. La première a une puissance de constitution, un élément de succès, un principe vital et progressif que la seconde n'a pas et ne peut pas avoir. Nous avons suffisamment démontré cette vérité dans le cours de notre brochure, pour que nous songions à revenir sur cette matière, au terme de notre travail.

Mais pour compléter notre livre, il nous reste encore à écrire un dernier chapitre sur le parti légitimiste en France, où nous résumerons d'une manière rapide les résultats, qu'il a obtenus depuis 1830, dans sa lutte contre le gouvernement, les espérances secrètes qu'il nourrit, dans sa pensée, et les chances probables de succès que l'avenir lui réserve. Ce sera notre conclusion.

XXXVII

Il ne sera question dans ce chapitre que du parti légitimiste en général, sans tenir compte des dissidences qui troublent sa paix intérieure.

Les royalistes, comme nous l'avons fait voir dans nos premières pages, passèrent bien vite après la révolution, du rôle de vaincus et d'accusés, au rôle d'opposants et d'accusateurs.

Si la révolution s'est ruinée elle-même, dans la conscience nationale, par ses contradictions politiques et ses actes anti-nationaux, la parole et la plume des royalistes n'ont pas peu contribué à mettre ce fait en évidence et en solution.

En même temps qu'ils sapaient avec les armes de la logique les fondements de la royauté élue, ils allaient aveindre dans les événements passés et dans les intrigues secrètes du présent, tout ce qui pouvait lui apporter de la déconsidération dans l'esprit des peuples.

Ce sont eux qui, les premiers, ont appelé l'attention sur les circonstances encore inconnues de la conspiration de Didier, et fait la publication des *trop fameuses lettres*.

C'est en vain que le pouvoir a essayé d'atténuer l'effet produit par ces manœuvres. Ses efforts pour arrêter ou étouffer le scandale, n'ont servi qu'à l'étendre.

Le parti légitimiste reprend chaque jour de la faveur dans l'opinion publique ; et si l'on en croyait la fraction nationale de ce parti, il ne tiendrait qu'à lui de devenir populaire et de faire servir la démocratie même, à la restauration de la royauté légitime en France.

Mais il a peu gagné de terrain dans l'enceinte parlementaire.

Le système électoral, maintenu contre le parti légitimiste, dans l'intérêt de la Révolution, l'empêchera toujours de faire à la Chambre des progrès de quelque valeur.

Toutefois, si beaucoup de royalistes ne se tenaient pas éloignés des élections, à cause du serment qu'on exige d'eux, le parti pourrait encore conquérir quelques voix dans le parlement, et y composer une minorité assez importante, pour lutter avec avantage autour du scrutin, contre les pouvoirs ministériels.

D'ailleurs, en dehors même de toute stratégie politique, le parti légitimiste a des chances de succès, qui tiennent à la nature même de sa constitution.

Il est facile d'écrire parti vaincu, parti perdu, parti oublié, les mots ne prouvent rien. Et quand on va au fond des choses, on est bien obligé d'avouer que le parti oublié et vaincu a de profondes racines dans le pays ; qu'il y forme une doctrine, une religion indestructible et ineffaçable.

Outre qu'il est composé des plus riches propriétaires du sol, il compte dans ses rangs les hommes les plus considérables de France.

A suivre les événements politiques qui s'agitent autour de nous, l'on n'aperçoit rien d'invinciblement contraire à un retour de fortune pour la cause de la monarchie déchue.

Le peuple n'y paraît pas trop opposé. Et la Chambre des députés, cette étroite représentation de la bourgeoisie, est pleine, comme on le sait, de légitimistes fourvoyés, qui, s'ils étaient enlevés, par le fait de la réforme électorale, au joug fatal de la Révolution, reviendraient à leur ancienne croyance politique et grossiraient encore les rangs du parti légitimiste.

La mort fait chaque jour disparaître les hommes systématiques de la République et de l'Empire, tous les philosophes politiques de l'époque.

La brillante génération, née sous la monarchie de la Restauration, occupera bientôt de toutes parts les charges les plus élevées de l'Etat. Elle compose le corps des jeunes officiers de l'armée ; elle compte déjà, à la tête des braves d'Afrique, des généraux renommés et aguerris. Elle remplit toutes les avenues sociales ; elle chasse devant elle tous les vieux tenans de la Révolution et les fous du parti démocratique.

Or, cette génération brillante et éclairée ne manque pas d'une certaine sympathie pour la monarchie, sous laquelle elle est née, dont elle a sucé les principes, dont elle a déploré les malheurs.

Le prince royal, compagnon d'âge et de goût de cette génération, seul, aurait pu la rallier sans retour, à la cause de la nouvelle dynastie.

Le prince royal a été lancé de la vie dans la mort par un de ces événements inattendus, qui déconcertent les prévisions humaines.

Une veuve, repoussée de la régence, et deux enfants au berceau, voilà ce qu'il a laissé à la Révolution.

Rois et citoyens, tous nous sommes destinés à mourir. L'âge nous approche chaque jour du terme de la carrière. Et le sablier du chef de la famille d'Orléans a déjà coulé de longues années.

S'il est permis au capitaliste de prévoir un événement possible, et de retirer devers lui, dans la crainte d'une crise imminente, ses capitaux de la circulation commerciale ; au rentier de vendre ses rentes, aujourd'hui qu'elles sont à un taux élevé, tandis que demain peut-être elles tomberont bien bas, pour ne pas se relever de sitôt, car le déficit est derrière le crédit factice du moment, il n'est pas défendu au publiciste de faire remarquer l'importante coïncidence, qui amènera nécessairement la génération de la Restauration à la tête de la société, au moment où la France passera d'un règne à une régence, et que le gouvernement révolutionnaire se trouvera engagé avec un roi enfant, au milieu des complications considérables de l'époque actuelle et de celles que la circonstance fera naître, tiraillé dans tous les sens par les factions, agité par les tentatives plus audacieuses des partis, et déchiré dans son propre sein par les intrigues mêmes des courtisans dynastiques.

Certes, si le parti légitime a des chances de succès, c'est dans cette brusque transition d'un règne à un autre ; alors que tous les faits favorables à la cause de la royauté déchue se trouveront réunis.

En effet, pour consacrer les droits du petit fils de Louis-Philippe, la révolution ne pourra même pas invoquer la loi de l'hérédité de la couronne, sans rappeler aussitôt à la mémoire de tous, que si cette même loi dans l'ordre ancien avait été respectée par elle en Juillet 1830, un autre serait roi, enfant alors, maintenant de l'âge des forts, de l'âge de la génération ascendante de la France.

Oh ! les hommes de tous les régimes, les fidèles de tous les pouvoirs heureux, ne sont pas en arrière avec les événements. Ils ont su promptement apprécier le changement, que la mort du prince-royal apportait dans la situation de la dynastie d'Orléans. Aussi le langage révolutionnaire de plusieurs d'entre eux, à l'égard des princes de la branche aînée, a-t-il subi de notables modifications. On dirait qu'ils ont aperçu un nouveau soleil sur l'horison, et leurs regards sont déjà tournés de son côté, avant même que l'astre, qu'ils adorent encore, soit enseveli dans la nuit des temps.

Il ne nous est pas permis d'épuiser le chapitre des espérances royalistes. Aussi le terminerons-nous avant que d'aller jusqu'au bout. Qu'il nous suffise d'ajouter seulement que le parti légitimiste est plein de confiance dans l'avenir de la cause royale. Mais il assurerait bien autrement le triomphe de la France monarchique sur la révolution, si sans se laisser circonscrire, d'un côté, dans les entreprises du monopole et effrayer, de l'autre, par la crainte de la démocratie, il entrait hardiment dans la ligne des principes nationaux, s'appuyant à la fois sur la puissance des principes et la force du peuple.

IMPRIMERIE DE C.-H. LAMBERT, RUE BASSE-DU-REMPART, 24.